遇见非洲
理解世界

——"一带一路"倡议的中国青年实践

中南屋◎编著

四川人民出版社

图书在版编目（CIP）数据

遇见非洲，理解世界："一带一路"倡议的中国青年实践 / 中南屋编著 . —— 成都：四川人民出版社，2019.8
ISBN 978-7-220-11015-3

Ⅰ . ①遇… Ⅱ . ①中… Ⅲ . ①青年 – 中外关系 – 友好往来 – 非洲
Ⅳ . ① D822.24

中国版本图书馆 CIP 数据核字 (2018) 第 216462 号

YUJIAN FEIZHOU　LIJIE SHIJIE

遇见非洲，理解世界

"一带一路"倡议的中国青年实践

中南屋　编著

出 版 人	黄立新
策划组稿	赵　静
项目统筹	章　涛
特约编辑	张诗瑶
责任编辑	邹　近　任学敏
装帧设计	马顾本
责任校对	吴　玥
责任印制	李　剑

出版发行	四川人民出版社（成都市槐树街 2 号）
网　　址	http://www.scpph.com
E-mail	scrmcbs@sina.com
新浪微博	@ 四川人民出版社
微信公众号	四川人民出版社
发行部业务电话	（028）86259624　86259453
防盗版举报电话	（028）86259624
照　　排	成都凯博文化传播有限责任公司
印　　刷	四川机投印务有限公司
成品尺寸	170mm×240mm
印　　张	20.5
字　　数	230 千
版　　次	2019 年 8 月第 1 版
印　　次	2019 年 8 月第 1 次
书　　号	ISBN 978-7-220-11015-3
定　　价	68.00 元

Contents
目 录

第一章
从一个人到中南屋，从拉美到非洲，
黄泓翔的"走出去"故事

第二章

中国青年走出去:

一个人不能改变世界，一群人可以 ………………………… 55

序一

——国际著名动物学家、联合国和平使者　珍·古道尔

　　我天生就痴迷并热爱动物。在我的孩童时代，没有电视和互联网，因此我对世界的了解几乎都来自书本。我最喜欢的书是关于动物的，特别是那些远在亚洲、拉丁美洲和非洲等地森林里的动物，尤其是非洲——从10岁开始，我就梦想着与非洲的野生动物为友，并写关于它们的书。彼时，英格兰的年轻人不像现在，经常在假期旅行。因为第二次世界大战后，人们并不富裕，而且为数不多的旅行航班也很贵。身边的人都嘲笑我——我怎么能这样——非洲很远，家里也并不富裕，何况我还是一个女孩儿。女孩儿不应该做这样的事！只有我母亲支持我，她说："想要实现你的梦想，你必须努力工作，抓住机遇，永不放弃。"这是我向所有年轻人传递的信息，不管你在哪儿——"追随你的梦想"。

　　家里供不起我读大学，所以我接受了一份秘书的工作。1957年，我受一位校友邀请到肯尼亚。机会来了！我以途中做服务生的方式存了足够乘船去往非洲的路费。那几周，我和一个朋友在一起，开始了解另一种文

化。通过她，我尽自己所能了解关于她父母所在农场动物的一切。然后，我遇到了著名的人类学家路易斯·李奇博士，我对动物的热忱给他留下了深刻印象，他于是向我提供了在坦桑尼亚研究野生黑猩猩的机会。不是一般动物，而是最像我们人类的那种（黑猩猩和人类的 DNA 相似程度超过 98%）。

1960 年，我开始了自己的研究。没人告诉我该如何入手——此前没有人研究过野生黑猩猩，所以我不得不利用自己的常识。起初很难，黑猩猩们一见到我就跑远了，但最终它们意识到我并不危险，渐渐地，我得以了解它们的不同性格和社交行为。我一个人独自和黑猩猩在森林里度过了几个月——我儿时的梦想成真了。

令人惊奇的是，黑猩猩和人类很像。它们亲吻、拥抱、牵手、手心向上乞求食物，进行恐吓时挥舞拳头。它们为不同的目的制作并使用不同的工具。它们拥有强大的、能够维持一生（通常约为 60 年的）家庭纽带。我很遗憾地发现，就像人类一样，它们的天性里有着黑暗和野蛮的一面——它们有领土意识，群体里的雄性会巡逻它们的边界并攻击相邻社群的成员。它们甚至会进行一种原始的战争——我主要研究的社群有系统地追捕并杀死了一个小社群的所有成员。但是，和人类一样，它们也可能表现出同情和利他主义——比如一个成年雄性"收养"了一个失去母亲的幼崽，从而挽救了它的生命，即使没有血缘关系。

1962 年，李奇告诉我，虽然我没有上过本科，但也需要去剑桥大学取得动物行为学方向的博士学位。我很紧张，对学识渊博的教授们心存敬畏。想象一下，当他们告知我的研究完全错误时我的感受——我不应该给黑猩猩起名——给它们编号才更科学。我不能说它们有个性、思想和情感，因为这些是人类独有的。幸运的是，我童年的老师教会了我不是这样，在这方面，教授们错了。那位老师是我的狗，罗斯提。在当时学术界的认知中，研究者不能同黑猩猩（或其他动物）混在一起，也不会认识到它们每个个体都有着截然不同的个性；不能观察到它们小心地从树枝上剥下叶子来制作一种"钓"白蚁的工具，或用石头敲开坚果的硬壳，甚至将石头带到坚果树上，不能意识到它们十分聪明。不能看到一位母亲对它死去的幼崽的反应，并承认它悲伤情绪的存在。不能看到年轻的个体在玩耍，也无法感受到它们的快乐。无法察觉到它们的愤怒、沮丧、嫉妒、快乐、悲伤等同样明显的情绪。但是很明显，我们人类并不是唯一有思维、个性和情感的生物，我们是动物王国的一部分，并没有从中分离出来。

今天，几乎所有人都认可了人类并非唯一的灵长类——猩猩和猴子也是——而且其他哺乳动物（如大象，猪等）、鸟类（如乌鸦、鹦鹉等），都有智力。甚至鱼类也可以识别人类个体。章鱼已被证明十分聪明，一些昆虫可以完成简单的食物奖励任务。

一旦我们愿意承认许多动物拥有个性和能够思考的智力，尤其是能够感受到恐惧和痛苦，那么当想到我们理所当然地给数百万动物造成精神上或身体上的痛苦和折磨时，我们可能会夜不能寐。这包括密集的"工厂式"养殖，屠宰场，娱乐行业对动物的残酷训练，对宠物的轻率对待等。我对在英国发生的对动物的残酷行径感到厌恶，而你们中国青年也能在本国找到例子。

当我前往非洲和世界其他地方时，我才开始明白，在许多方面，我们的西方生活方式如何对远方的人和环境造成伤害。有时，这一点很明显。市场对象牙雕刻品有需求时，人们就应该意识到，在非洲和亚洲，大象正遭受着屠杀和苦难——象牙制品来自被盗猎的大象的獠牙。我曾和象群在野外待过一段时间——它们就像黑猩猩一样，社群内的个体之间维系着持久的关系。它们非常聪明。盗猎危机正将它们的未来置于非洲的危险之中。一些错误观念认为犀牛角、穿山甲鳞片等具有某种特定的药用价值，这导致数百种动物被残忍杀害，导致它们走向灭绝。我们购买的手机和其他电子产品，其制造都需要钶钽铁矿石——其中大部分产自刚果民主共和国东部。生活在这里的包括儿童在内的许多穷人，在工作环境非常不安全的矿区做工，他们甚至需要杀死这里的野生动物以求得生存。我们买的许多食物都含有棕榈油。这些消费行为看似无害，但当你明白为了建棕榈树种植园而导致印度尼西亚和马来西亚——现在扩展到了非洲和拉丁美洲——的壮丽雨林正在被摧毁时，你就不会这么认为了。猩猩以及这些森林中种类丰富的生物正在失去家园。热带硬木制成的家具价值不菲——这些树木的生长非常缓慢，并且正变得越来越濒临灭绝。那我们越来越频繁使用的塑料呢？塑料制品的垃圾正在杀死动物并污染全球各地的环境，这些垃圾大部分被冲入海洋，许多海洋生物将其误认作海蜇而吞食，导致其肠道被堵塞而死亡。海洋和森林因大量吸收二氧化碳并释放氧气，被称为两大"地球之肺"。森林遭到破坏后，大量的二氧化碳被释放到大气中。二氧化碳是导致全球变暖的主要"温室气体"。海洋受到污染后，会失去吸收二氧化碳的功能。当然，化石燃料的使用极大地增加了温室气体的总量。随着人们对肉类的需求量越来越高，不仅导致数百万动物在可怕的"工厂化农场"遭受残酷对待（奶牛，尤其是猪，智力程度很高，能感受到痛苦），而且大面积的动物栖息地被破坏，种植谷物喂养这些家畜，在消化过程中，它们又会产生大量的甲烷气体，这是一种非常致命的温室气体。

　　只有当你去环游世界，与不同地区的人交谈，你才会真正开始意识到我们正如何毁灭自己的星球。你会开始了解大局，了解随着人口的增长，人类活动如何威胁到人类后代的未来和野生动物当下的生存。我们的星球只有有限的自然资源（如木材、肥沃的土壤和水），在许多情况下，我们消耗这些资源的速度快于其自身恢复的速度。

　　正是在1986年的一次会议上，我了解到，在整个非洲黑猩猩的活动范围内，其栖息地正被商业性伐木和采矿所破坏，这些多是外国公司主导的。森林正在被清除以用于商业性农业生产，当地人口正在增长，并因为他们的村庄和畜牧活动而占用越来越多的土地资源。黑猩猩和其他动物因为人们对丛林肉类和活体动物的贸易需求而遭追捕。为了娱乐目的动物幼崽被盗猎出售，或是在遥远的国家被当作宠物饲养，幼崽的母亲惨遭枪杀。当然，生活在森林中的许多其他动物也在因为类似的原因而遭受苦难。

　　这次会议彻底改变了我的人生。最初我作为一名科学家来到这里，计划花多年时间研究非洲的黑猩猩和其他动物，但最终我是以社会活动家的身份离开的。我知道我必须做点什么才能改变现状。但我能做什么呢？我获得了一笔小额拨款，并造访了 7 个发现黑猩猩的国家，目睹了问题之所在。我不仅发现了黑猩猩所面临的威胁，而且还发现了生活在黑猩猩栖息地内外的许多人所面临的威胁。当我坐飞机穿过小仅 30 平方英里的贡贝国家公园时，发现情况变得危急。此前，1960 年我到达那里时，公园是作为东非延伸而来的赤道森林带的一部分为人所知，森林带横贯广阔的刚果盆地一直到西非海岸。但到了 90 年代初，30 平方英里的贡贝森林被光秃秃的山丘包围了。人口数量超过了土地能承载的范围，这些人穷到没钱从外面买吃的。过度耕作的土地已失去肥力。当我从小飞机上往下看，我意识到连居住在公园周围的人都挣扎在温饱线上时，我们根本没办法拯救贡贝的黑猩猩。显然，我想我们必须努力改善村民的生活条件，想出其他的谋生方式，而不是砍伐最后的树木，开地种植粮食，或通过出售木炭来赚钱。

我们召集当地坦桑尼亚人组成了一支队伍，进入贡贝周边的 12 个村庄，并向人们询问他们对珍·古道尔研究会（JGI）如何能够最好地提供帮助的意见。这促成了我们的关爱（Tacare）计划。恢复土壤肥力（不通过化肥），种植树木以改善严重的水土流失状况，引入水资源管理计划，说服当地政府改善教育和卫生设施，提供尽可能多的奖学金，以保证女孩也能接受教育，并提供生育方案。

事实证明，关爱计划非常成功——我们已将该计划引入坦桑尼亚剩余黑猩猩种群所在的 72 个村庄，由于我们与当地人合作，他们已成为我们保护计划的伙伴。在每个村庄，志愿者都接受过森林监测员的培训，并使用智能手机巡逻他们的森林，记录非法活动和野生动物的迹象。这很重要，因为存留的 2000 只坦桑尼亚黑猩猩大部分都不在受保护的公园里，而是在村领导负责的村庄森林保护区内。

好消息是，森林正在恢复，残存在清理后的土地里的树根和种子开始生长。村领导们同意将贡贝国家公园周边的土地设为缓冲区，其他村庄则设立保留地，从而形成一条走廊，以便将以前孤立的贡贝黑猩猩与其他存留的社群联系起来。这能防止过多的近亲繁殖。如果你今天飞过贡贝上空，就会发现没有光秃秃的山丘了。每当我想到人类正在对自然界做的所有可怕之事时，心里的悲伤甚至气愤都会成为我继续向前的动力。但我知道，如果我们给予大自然恢复的时间，并付诸实践保护自然，水就可以变得清澈，树木可以再次生长，动物可以回到家园。类似的计划，现在开始由乌干达、刚果民主共和国、刚果共和国、布隆迪、塞内加尔、几内亚和马里的珍·古道尔研究会运作起来。

此外，当地社区也成为我们保护环境计划的合作伙伴，从而使他们自己的未来和生活在那里的动物受益。

为了象牙、犀牛角和穿山甲鳞片而进行的盗猎，为了战利品进行的狩猎活动，为了捕获猩猩幼崽来售卖，以及丛林肉类贸易和失去控制的旅游业，这些行为给已经因为栖息地丧失和气候变化而挣扎生存的物种带来了毁灭性打击。这就是为什么走出国门是如此重要，这样我们才能够直面生活在其他国家和地区的人和动物所面临的问题。同时也帮助我们认识到，在自己国家觉得理所当然的商品消费可能会对原料产国造成无尽的祸害。

我认为，我们与最亲近的动物亲属——黑猩猩之间最大的区别在于人类的智慧。黑猩猩比我们以前想象的要聪明得多，但只有通过人类的语言，才能告知世人未彰显之事，筹划未来，商讨解决方案。吊诡之处在于，作为地球上最高智慧存在的人类，正在摧毁其唯一的家园。我认为这是因为身陷物欲横流的世界，我们努力聚集越来越多的财富，却选择忽视或愚昧地面对自然的破坏，而事实上我们唯一拥有的是这个自然资源有限的星球。人类正在自掘坟墓。

我造访过很多国家。认识到我们如何伤害环境、动物和人类群落。我目睹了将发展和利润置于环境和人道主义利益之上的个人和企业所造成的破坏。理解了这些，在每个大陆都能遇到对未来失去信心的年轻人，也就不足为奇了。他们大多表现冷漠，因为觉得对地球的未来无能为力。而有些人很沮丧，有些人很生气。有一种说法认为我们并非从父母那里继承了这个星球，而是从我们的子孙那里借来的。但我们并不是从子孙那里借，而是偷窃。如果我们继续执迷不悟，将走上一条不归路。

但我不认为人类没有未来。我相信尚有一段窗口期可以让我们共同努力，亡羊补牢。这就是我发起这项针对从幼儿园到大学的年轻人的"根与芽"（Roots & Shoots）计划的原因。它始于1991年在坦桑尼亚的12名高中生，目前扩展到约80个国家，约有150000个活跃团体参与。该计划主要传递出的观点，是每个人每天都能有所改变——我们可以自己选择进行哪些改变。每个小组都选择三个项目——关于人类、动物和环境，以改善世界。项目的具体内容取决于他们各自生活的国家和环境。他们拥有自己计划的自主权。此外，还有一个儒家的主题，学习尊重他者文化，与我们周围的生物和谐共处。"根与芽"团队不仅传递出我们对地球母亲所造成的伤害这样的信息，还分享了为使地球变得更好所做的一切。

现在，我们的确清醒了过来。在全世界范围内，我们已经为许多问题研究出了创新解决方案，例如可再生能源、可持续性农业、动物试验的替代方案等。每个人都努力留下更轻的生态足迹。中国已经醒悟，正在采取重大措施来保护和恢复环境，抗击污染，清理河流，保护野生动物……为子孙后代做考虑，寻找在不破坏环境的情况下获取自然资源的方法，这一点很重要。

当然，你可以通过阅读资料、观看纪录片等方式了解我说的这一切。但是，当你真正花时间去到其他国家，与居住在那里的人交流，亲自了解问题和提出解决方案时，你才真正开始了解当世之事。此外，了解新的文化和习俗，体验不同的环境和观察不同的野生动物，会是如此令人兴奋。

我希望你也能拥有我开始自己的人生旅程时那样美妙的经历。祝你好运！

（张诗瑶　译）

珍·古道尔　1934 年出生于英国伦敦，在英格兰南部的伯恩茅斯长大。后被派遣前往坦噶尼喀（今非洲坦桑尼亚）的贡贝森林，研究野生黑猩猩。1986 年出版了《贡贝的黑猩猩》，并于 1977 年创立了珍·古道尔研究会（the Jane Goodall Institute），致力于野生动物（特别是黑猩猩）的研究，以及非人类动物权益的保护；1991 年，她创立了"根与芽"（Roots & Shoots）环境教育项目，鼓励全球的年轻人关爱动物、关心环境、关注社区，用自己的力量给世界带来变化。曾获动物权益研究所"艾尔伯特·史威策奖"和大不列颠百科全书"传播造福人类知识杰出工作者奖"。2002 年 4 月，珍·古道尔博士被联合国秘书长科菲·安南授命为联合国和平使者。

序二

树立中国人在非洲的正面形象需要代代相传

——中国原驻非洲国家大使 舒 展

随着"一带一路"的推进，非洲，特别是印度洋西岸一带，作为海上丝路的历史和地缘落脚点，自然与中国的联系日益紧密，双方的合作日趋共赢。不过，中非关系的可持续发展还将面临一些挑战。诸如野生动物保护这样的问题，可能就是中非关系可持续发展的挑战之一。

近半个世纪以来，全球野生动植物保护事业取得了颇为显著的成就，但依然任重道远，仍面临着非法盗猎、盗采和走私、贩运、销售等相当大的挑战。

多年来，中国政府向非洲提供了大量无偿援助，帮助非洲国家提升野生动植物保护能力，并与非洲国家合作培训相关人士，探讨共同实施示范项目，一起重拳打击买卖诸如象牙和犀牛角等珍稀动植物及其相关产品的非法贸易。野生动物保护事业被中非双方视为中国在非洲开展国际合作的重点领域之一。

但是与此同时，一些赴外旅游的中国游客行为不当，少数不良华商违法贩卖象牙、走私鲍鱼、非法伐木等负面消息层出不穷，这为西方媒体炒作、抹黑中国和华人授之以柄，贻人口实，让想"讲好中国故事"的海外华媒一时百口莫辩，也让绝大多数遵纪守法的海外华人备受指责。

在海外违法犯罪的华人当然是极少数，有关案件也属个案，但这些人、这些事带来的杀伤力却不容低估，不仅给当事人自身带来麻烦，更损害了国家和中国人的整体形象，危及绝大多数安分守法的中国公民在海外的正当合法权益。

我们可以看到，无论是在野生动物保护问题还是其他方面，中非友好不能仅仅依靠政府的努力，还需要民间的积极参与和支持。而在民间力量中，青年人朝气蓬勃、充满干劲，他们往往让我感受到中非关系在新时代的生机与活力。

本书的主人公，中南屋的中国年轻人走入非洲，为维护中国人的正面形象而投身于野生动物保护、社区发展等领域。他们的这份精神让我感动。虽然年轻人可能缺乏经验，力量薄弱，但是他们可以凭借自己的热情与努力，踏踏实实地辛勤工作，让周围的非洲人更好地了解中国人，看到中国人的善良与担当。他们可能正是中国在非洲"讲好中国故事"的重要角色。

我向国内的朋友们推荐这本书，希望大家通过阅读此书来了解这些中国青年走出国门、走进非洲、树立中国人海外正面形象的经历，了解发生在非洲等远方大地却与我们息息相关的点点滴滴，更希望更多的中国青年人加入"一带一路"的时代浪潮，走出去，并书写属于你们的故事。

舒展　1953 年出生，现为中国国际问题研究基金会非洲研究中心研究员（2013-　）、中国非洲史研究会副会长（2017-　）。1977 年到中国社会科学院西亚非洲研究所工作，1997 年调入外交部非洲司，先后在中国驻埃塞俄比亚、纳米比亚、南非等国大使馆工作。2006-2013 年先后任中国驻厄立特里亚大使和中国驻卢旺达大使，并在津巴布韦和南非等国长期访学调研。退休后曾任浙江师范大学非洲研究院高级研究员（2013-2018）。

序三

大国青年的养成与走进非洲

——北京大学非洲研究中心主任 刘海方

　　关注和认识泓翔，早于中南屋成立之日，也是源于他到厄瓜多尔的报道，源于他作为中国年轻学子开始关注新时期中国与南方国家的合作。北大非洲研究中心的老师和学子们，甚至有幸邀请到在北京暂时停留、摩拳擦掌、雄心勃勃、准备开拔肯尼亚成立中南屋的泓翔做客午餐会，与我们促膝交流他的"原初顶层设计"；此后我们的目光一直关注着这个新生事物在遥远的非洲大陆萌芽、抽条、小树沐浴晨曦般在合适的温度、湿度、土壤的条件之下，逐渐茁壮成长起来。还记得对他临行的赠言："去吧，你是把个人的梦与走出去的中国的国家需求完美结合起来的典范。"

　　四年弹指一挥间。中国今天在非洲的影响力又比四年前增长了许多，然而庞杂的商业界的存在依然缺少系统的母国社会文化的支撑，与当地社会的法律、劳工以及各种民事和经济纠纷诉讼依然亟待相应社会组织的介入，包括经济活动所必需的咨询、商业信息获取等基本服务机构都还付诸阙如。社会文化方面，中国公共外交学会等机构虽然应运而生且发挥越来越重要的作用，但是有关官员自己也承认中非交流呈现"官方热、民间温"的局面——这应该还是客气的说法，随着中国经济实力的迅速积聚和国际影响力的上升，很多中国民众不再像原来一样看待曾经患难与共的"非洲兄弟"了，更少有人知道 20 世纪 60—70 年代非洲国家独立高潮的时间里，中国的人均国民生产总值甚至还低于多数非洲国家。换言之，中国的富裕，国民所感受到的衣食无忧，不过是 1980 年以后出生的人才有的感受，此前的中国人很多都有过饥饿和粗茶淡饭的记忆。作为"新富者"，作为这个国际影响力日益壮大的国家的青年，他们应该成为怎样的大国青年，他们有什么样的情怀、职业选择，如何看待家国与天下，恐怕很大程度上会影响中国乃至人类的未来。

从这一本文集里，我们不难看到包括中南屋创始人泓翔在内的中南屋的主人翁们，怎样从最早"刷简历"的"小我"目标，走进非洲，不是成为非洲的拯救者，而是放下了那个以自我为中心的"小我"，谦卑地发现"非洲改变了我"、成就了我。他们的阻力和困难从来不少，比如未成行时候可能是父母的横拦竖阻；进入中南屋后，更是在跨文化的工作实习岗位上"硬着陆"，遭遇资金支持、组织机构运作规划、人员凝聚、企业界的怀疑和不信任、东道国的文化差异，甚至政治政策困局等非常现实的挑战。然而，正如书中有的"小伙伴"描述的，自己发现有"苟日新，日日新"的体验，因为在中南屋，自己可以告别每天只刷朋友圈的"手机奴"的生活，可以全心全意、高效有创意地投入到一个个项目中。为了做好一个反映当地人生活、认知和愿景的纪录片，一些实习的高中生、大学生，甚至放下自己申请欧美学校的事情。另外也有"小伙伴"说，没有来这里，就不会继续到世界其他贫苦苦难的真实世界去探访，不会"重新审视自己的过去和在这个世界的位置"，并"将维护边缘群体最基本的生存权利作为我的全职工作"。

这些可爱勇敢的青年人们，在书里真实袒露了进入非洲、在中南屋"自我修行"的历程，既有自我的成长修正，也有对于中南屋这样的纯民间机构和中国青年人能够在巨变的洪流中发挥作用的日渐具体清晰和丰满的使命感。泓翔个人的关切就是从最初的中国经济活动对于南方国家环境影响出发，逐渐意识到服务、帮助中国企业融入东道国社会、并最终蜕变为合格的国际化公司的重要性，同时随着对于野生动物保护领域参与的增加而形成日益专业化的对于"野保"的认知和知识积累。

在今天这个年代，何处安放情怀，又在我们的不同代际之间怎样传递理想、信念和价值这些大词儿，恐怕是很多教育工作者们和我一样的困惑。我们当然不愿意自己的学生都向着"精致的利己主义者"的方向义无反顾、昂首阔步地进发。然而，今天确实是中国的在经历的大历史时代，怎样的

青年决定怎样的未来。我们所幸看到有那么多和黄泓翔一样的青年人，不惮于坦白自己的"小我"目标，借助泓翔等几个最初的成员倾心搭建的这样一个青年人汇聚智慧和力量的平台，带着满满的热情和冲动，充分利用青年人对于社交媒体的关注与使用，传播新思想、新理念，更把真实的非洲带到中国读者眼前，并且参与到中国与非洲人与人大规模相遇的历史过程，主动积极地疏导化解其间几乎难以避免的一些社会文化和经济紧张，把自己变成了谱写今天新时代"南南合作"篇章的重要音符、和声，把中国青年人的力量与国家和全世界的命运连在了一起。他们通过丰盈自己的人生，来贡献于一个国家正在上升的大国道路。

刘海方　北京大学非洲史博士，北京大学国际关系学院副教授、北京大学非洲研究中心主任。曾经在中国社会科学院西亚非洲研究所工作，作为访问学者在挪威奥斯陆大学、加拿大卡尔顿大学非洲研究院、荷兰海牙社会学研究院、南非中国研究中心工作。社会职务为：中国非洲史研究会副会长、南非《东亚研究》杂志编委、英国 *Journal of Modern African Studies* 编委。主要从事非洲政治与国际关系、国际发展合作、中非关系、全球移民问题等研究。编著有《安哥拉》《中国非洲研究评论2015》《赞比亚农业外国直接投资》《中国非洲研究评论·北京论坛专辑》《非洲发展与南南农业合作》等书籍，并发表中非关系、中国与安哥拉关系、中国与南非关系、移民等相关问题的中英文双语学术论文数十篇。

序四

——哥伦比亚大学国际关系与公共事务学院国际发展系主任 格伦·丹宁

近几十年来，外部观察人士将非洲视为一个冲突地区，一个充满贫穷、饥饿和疾病的高危地带。但这些看法显然具有误导性，现在必须改变。这个具有非凡多样性和复杂性的大陆，已经成为技术创新、投资机遇和经济快速增长的新前沿。日益增加的私人和公共投资对该地区的社会经济实现强劲和可持续增长至关重要。尽管与其他地区相比，非洲的私人投资机会仍然不丰富，但已经吸引了一些非传统投资者进入这个大陆。这些非传统投资者当中，最重要的就是中国。

长期战略合作关系成功的关键是双方能够利益共享、资源互补、透明度和相互信任。中国在快速经济转型中形成了专业技术和实践经验，同时让数亿人在短短三十年时间里摆脱了贫困。同时，与此相伴随的是环境问题和社会问题的加剧，它们已成为中国公民和政府严重关切的问题。

中国的年轻人越来越意识到经济快速增长的成就和缺陷。由于互联网的存在，国际旅行机会和发声渠道迅速增加，人们对其他地区及其文化也越来越感兴趣。中南屋在促进中、非经济与社会从业者的交流与合作方面发挥了开创性作用。这项工作必须继续和深化，同时坚定不移地践行可持续发展的核心原则：经济繁荣、社会包容和环境可持续性。

我相信，这本书将有助于实现中国与非洲之间更好地理解、互利和持久地合作。

（龚树川　译）

格伦 · 丹宁　哥伦比亚大学国际及公共事务学院教授，全球化可持续发展研究中心系主任。丹宁教授目前是联合国全球粮食安全危机高级别工作组高级督导小组的成员，也是全球农业和粮食安全计划 (GAFSP) 技术咨询委员会的成员，同时还担任非洲可持续发展领导学院 (UONGOZI Institute) 的董事会成员。丹宁在国际农业研究和发展方面有 30 多年的经验，他领导了千年发展目标中心的农业和农村发展议程，并支持非洲绿色革命。2000 年，丹宁教授因在建立柬埔寨农业研究和发展研究所中发挥的作用以及对增加国家水稻产量的贡献，被柬埔寨政府授予 Sahametrei 皇家秩序指挥官的荣誉。2014 年，丹宁教授获得哥伦比亚大学"杰出教学奖"。

序五

在非洲的中国青年

——哥伦比亚大学国际关系与公共事务学院兼职教授　杰尼克·雷登

这是一本研究非洲的必读书，书中汇集了一群在非洲工作的中国青年的故事，这些故事源自这群年轻人令人激动的经历。

我自己有着丰富的人生经历。或是曾作为哥伦比亚大学的教授；或是作为曾在巴西巴伊亚省进行过研究的大学生；或是在阿富汗进行过探索的研究者；或是造访过100多个国家的全球旅行者；或是目前作为一名大部分时间都待在拉丁美洲、亚洲和非洲那些崭露头角的新兴国家，具有学者、律师和咨询顾问三重身份的人。同时，作为一个内心始终年轻的人，永不停歇地向中国和世界各地朋友学习，我可以非常负责地告诉你，非洲是一个值得人们去发现、去了解的地方。这的确是一片机遇与挑战并存的明日大陆。中国的青年应该去了解和体验非洲，与当地人民友好互动。当他们实践时，他们更能以知情、负责和尊重的态度与非洲建立友好关系。

"尊重"这个词是一个常被误解的概念。它要求一个人对另一个人、团体和国家表现出浓厚的兴趣。这也意味着理解或愿意理解对方。唯一能做到这点的方式就是通过亲自参与以融入其中。参与的过程要求学习和了解他人的思想、文化和关注点。这意味着需要敞开心扉去倾听他人的观点。本书中的中国青年的故事强调了参与是进步的基础，确实如此，乐观地说，是实现和平与繁荣的重要途径。

但是或许有人会问，为什么是非洲？因为预计到2050年时，非洲将拥有世界1/4的劳动力。它将成为青年的大陆，其中近1/3的人口正处于人生的黄金期。届时，它将比现在增长10亿人口，大多是适宜工作的年轻人，有着预期的人口红利，尼日利亚的拉各斯和刚果民主共和国的金沙萨将成为世界排名前10的两个非洲新兴城市。预计到2075年时，世界最大的10个城市将有5个在非洲。非洲将在未来成为年轻人的世界，这也意味着非洲将成为创业者的大陆。

未来，教育、卫生、社交，当然还有商业领域，都将出现许多创业者。因为年轻人富有创造力，相信一切皆有可能，如果他们想把实现更加美好生活的愿望变为现实，他们更是别无他选。

此外，非洲更是藏有令人难以置信的财富之地，可以为本土的创业者和世界的发展提供源源不断的动力。它拥有从石油、天然气到黄金、铜、铀和水在内的众多自然资源——是的，位于非洲大陆中心热带地区的水资源，开发潜力巨大。非洲拥有狮子、大象、河马、羚羊和各种颜色的鸟类等野生动物，给游客带来欢笑，并展现了世界生物的多样性。它拥有的丰富热带动物群，在生物和医学方面具有开发潜力。这里的人们操着数百种语言，这些语言是看待和理解世界，思考、分析和表达自我的不同方式。同时，非洲大陆是人类起源之地，有着独特的历史。正如中国年轻的故事讲述者们在书中所言，今天的非洲是激发兴奋和实现梦想的大陆。

但是，对于自身及世界而言，非洲并非没有挑战。事实上，许多挑战来自非洲的外来人群，他们不了解非洲，也不尊重其可持续发展的需求。如果带来人口红利的非洲青年找不到工作无所事事，就会出现社会不稳定和动荡，这反过来又会给世界各国的安全造成风险。如果青年人没有受过教育，他们就不具生产能力。如果野生的动植物得不到保护，诸如异花授粉这样的途径将中断，世界将会丧失生物多样性的喜悦。如果非洲得不到发展，像埃博拉这样的病毒将成为非洲和全世界不得不应对的棘手问题——这些病毒不会只待在非洲，它们将会通过飞机和轮船等途径传播到世界各国。显然，卫生系统建设滞后的国家很容易成为流行疾病的病源地，因此阻止这种情况的出现符合所有人的利益。如果不解决气候变暖问题，又会出现另一个全球性的问题，非洲会出现史上最大规模的人口外迁。因为人们别无选择，只能迁往欧洲和亚洲以躲避干旱、洪水和其他日益严峻的自然灾害，如果非洲滥用（或无法持续和有效地利用）其资源，或者外国投资者滥用非洲资源而不为其发展做出贡献，我们都将因为非洲无法发展和处理自身问题而遭受牵连。如果非法进口象牙贸易及因此造成的对大象与河马的杀戮未停止，我们等于告诉当地人民我们不在意非洲，他们将不得不花更多时间来应对这些问题。可持续发展是非洲乃至世界能够拥有更美好的未来和成功的关键，也是唯一的选择。我们现在正处于一个相互联系与依存的世界（不仅仅是通过互联网）。我们别无选择，必须去了解非洲和世界其他国家的人民，并以坦率、尊重的态度与他们接触。如前所述，参与是关键，而这些讲述故事的中国青年都知道这一点。

这是什么意思呢？这意味着世界各国的青年需要相互学习，了解他者。并且，对中国青年而言，这还意味着走出去、探索、理解、体验、学习等。就中国的现状而言，这尤为重要，因为国家的规模使其本身就可以成为一个世界。中国已经开始实施重要的"一带一路"倡议。如果想要见到成效的话，不仅需要物质条件，而且还需要理解和参与，即人与人之间的互动。

正如我的个人经验，当一个人年轻时，需准备接受新的体验，有更多时间来交流、交换想法，探索未知，向别人学习并成为朋友——或者用更直白的话讲，出去玩时，才是他成长发展的开始。

我们大多数人都不了解非洲，但它应该为人所知。随着未来将拥有占世界1/4还多的青年人口，非洲显然是明日之星，机遇和梦想之地。各地区人口差异很小的中国作为世界最大的国家之一，在学习和与其他国家进行互动方面，面临着特殊的挑战。中国青年需要亲身体验非洲这个令人激动的世界，以确保明天成为其应该、可能以及需要变为的世界。

而且，以我个人的经历可以这么说：青年时期的经历将伴随你一生，也是你一生的财富。我在 23 岁之前到巴西、日本、阿富汗、苏联的许多地方以及美国的边境阿拉斯加旅行，还有横穿亚洲和欧洲的环球蜜月旅行，不仅使我在世界各地结识了许多朋友，充实了自己，而且也使我能够带着知识和敬意直面生活中不可避免的挑战。

能够在青年时期探索世界，接触当地的人民，我心存感激。我在哥伦比亚大学和斯坦福大学设立了奖学金，支持美国本土及来自非洲、亚洲、欧洲和拉丁美洲的学生去全球的许多国家实习，包括爱沙尼亚、格鲁吉亚、印度、尼泊尔、柬埔寨、厄瓜多尔、肯尼亚、莫桑比克、纳米比亚和乌干达等。所有的实习都与公共部门和非政府组织合作，这使得实习生可以了解在世界其他地方，人们如何完成工作并做出贡献。此外，这使今天的年轻人有机会去发现、学习和探索，与他人互动交流想法，结交维系一生的朋友。这些实习经历让他们发现显而易见的事实：我们都是相同的，有着同样的顾虑，并拥有相同的梦想。青年的共性是对于明天可以拥有更好的信念和梦想。坚定梦想的方向，并坚持让梦想变为现实是一个挑战。如前所述，只有一种解决途径，即亲身参与其中。

所以，阅读这本书吧。享受并学习这些中国年轻的小伙伴们丰富和有趣的经历，去非洲和世界交朋友。解决非洲和其他地区发展所面临的挑战，

中国可以并且需要成为参与其中的一员。正如我在哥伦比亚大学的许多中国学生所做的那样，中国青年需要做好准备迎接这一挑战。没有比旅行和参与更好的方法了。此外，这很容易，因为旅行是有趣、有益且充实的。

如果你愿意，在阅读这本让人感到兴奋的书后，可以随时来见我，这样我们可以当面交流，并且我可以告诉你更多参与、学习和发现关于世界及其人民的信息。如果我们要为全人类创造一个可持续的未来，使世界成为梦想成真之地，那么就请为你自己去发现这一点：非洲是世界的未来，也是世界的挑战。

诚如前文反复提到的，这是一本所有中国青年都值得一读的书。

（龚树川　译）

第一章

从一个人到中南屋，
从拉美到非洲，
黄泓翔的"走出去"故事

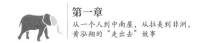
1. 2011 年

从哥伦比亚大学到厄瓜多尔，
打开人生大门：国际视野 ≠ 发达国家视野

◎黄泓翔在厄瓜多尔调研

站在 2011 年的尾巴上，我的内心是十分焦虑而惶恐的。

即将迎来本科毕业的我非常迷茫，不知道自己毕业以后到底想要做什么。为了摆脱迷茫，我在大学期间尝试了十来份不同的实习，从政府部门到咨询公司，从电视台到报纸，从公益组织到广告企业。在所有这些实习中，我始终没有找到自己热爱的事情。

我看着身边的同学们，大多都往金融、咨询、快消、地产等为数不太多的职业选择里走，走上一条收入比较高、社会地位也不错的职业道路。但是，我问他们，你们是否很喜欢这些职业呢？他们说也没有，不就是一份工作而已吗？

真的只有这些选择吗？工作真的不需要是自己热爱的事情吗？我不是很愿意屈服，于是临时决定去留学，想去看看外面的世界有没有其他可能。

申请晚，选择就少。当时，我犹豫于日本的一个带全额奖学金的录取，和美国哥伦比亚大学（以下简称"哥大"）的自费录取。纠结中，我问了日本的未来导师，如果是他，他会怎么选择？而他的答案我一生难忘："如果来我们这里，你会遇到一些有趣的人；如果你到哥大去，你会遇到很多有趣的人。所以，你应该去哥大。"

我当时听了之后觉得十分不靠谱——人家选学校不都是看师资，看科研能力，看毕业后找工作的出路吗？怎么给我一个这么儿戏的答案呢？

然而去了哥大后，我觉得这句话可能是我听过的最正确的一句建议。

在哥大，我打开了新的天地。我发现身边的老师、同学，很多人都去过并且经常去非洲、南美、中东等我从来没有想过自己有一天会踏足的土地。我发现他们都充满理想和热情，而且选择非常多元：有的想在印度当一个改变社会的政治家，有的要去联合国消除世界贫穷，有的要去非洲做社会企业。

杰尼克·雷登教授便是这样一个人。

雷登教授的家并不算特别大和奢华，然而进去之后会让我更加了解他，也更加羡慕他所看到的世界。在房子里的走廊两边，都挂着雷登教授游历世界的照片：在非洲某地的探险，在东欧某国刚独立的立法大会上，在老上海的奇遇……雷登教授随手从照片旁边拿起一个木手杖，告诉我这是非洲多哥的古老兵器，以及这种兵器为什么没能帮助多哥打赢邻国。走过这道走廊，我了解到雷登教授在年轻时，就已经通过法律工作游历过世界，并且帮东欧刚独立的国家完成了立法，甚至还帮非洲国家与国际石油巨头打过官司。

"我希望我到您这个年龄时，也有您这样精彩的经历。"我对他说。

他对我微笑，眼神狡黠而充满引诱，仿佛在说：世界就在那里，你去啊。

布莱恩则是同学中的代表。

三十岁出头的加拿大青年，永远带着腼腆的微笑，然而在课堂与聚会上说起自己的理想却从来不含糊："我希望终结世界的贫穷。"在他生日的时候，同学们准备为他庆祝一番，他却跟大家说，不要花钱买生日礼物或者吃喝，而是可以用这个预算买一本《贫穷的终结》，送给身边的人。这些事情，让他在同学中极为引人注目。在他看来，你只需要去追求自己想做的事情，并且把它做到极致就可以了。

霍华德·弗兰奇教授的一句话，似乎可以概括我在这里的惊叹。那天，他面带笑容对我们说："如果用经历来衡量人生，我的人生极其富有。"说这话时，我们可以从霍华德·弗兰奇教授的脸上，看到岁月留下的纪念。那一刻，我和我身边的同学们，都是充满艳羡的。和我曾在实习中见过的

◎哥大校园生活照

许多前辈相比，霍华德·弗兰奇教授经济上并不算富有，但我却从没羡慕过实习期遇见的其他任何一位前辈，更没有想过希望成为他们其中的任何一员。

我在哥大的外国同学们平均年龄三十岁左右，大多是工作过一段时间后再来读书。他们的工作经历闪闪发光：麦肯锡、华尔街律所、国际NGO、总统办公室……他们的国际经历让我惊叹：非洲、拉丁美洲、东南亚国家、太平洋岛屿……他们知道自己人生的激情在哪里，勇于寻找一种有意思且有意义的人生。像许多哥大的中国学生一样，我们都知道在美国的许多机会来自于社交，然而，这种交际（networking）在优秀程度不对等的情况下，其实是很困难的。

我记得有过无数次，与同学们课后一起去找老师聊天，然而老师的注意力很快就被某个同学的某个课题吸引过去；与同学们在教学楼的中庭聊天，然而大家的注意力几乎都在某个在非洲做了多年 NGO 的同学的故事上；上课讨论时，同学们大谈"我在海地地震的时候""我在莫桑比克的时候"，而我完全接不上话，根本无法参与那些讨论，只能结结巴巴地说"在中国……"那时的我很痛苦，一度觉得自己很卑微，因而不断寻找改变的机会。

玛丽莎是我的同班同学，她来自厄瓜多尔。一席聊天之后，她的故事点燃了我内心寻找某些东西的激情。她跟我讲，在他们国家，有许多中国人，在做许多事情，这其中有合作、有冲突，可是却未曾获得关注。我想：为什么我不去厄瓜多尔，了解一下那边的中国人呢？

那时候起，我开始了解一个许多同学都在申请的学校学术课题机会，它会资助学生去某个国家做田野调研。于是，我厚着脸皮跑进系主任办公室，向他请教怎么做课题，求他写推荐信。我在反复跑系主任办公室的过程中，和来自特立尼达和多巴哥的小哥套近乎，向他打听申请材料怎么写，被选中的把握会比较大。就这样大概准备了一个月。

一般都说努力总会有回报，然而 2011 年的寒假前夕，我得知自己到厄瓜多尔调研中国水电项目的方案"成功地"落选了。

当然，也有其他的回报，那就是我知道了自己落选的重要原因：没有类似调研项目的经验，缺乏有说服力的个人经历和背景。当时的我非常沮丧，就像看到许多招聘告示上写着"三年以上工作经验"一样，谁来给还没有经验的人那前三年的经验呢？如果不给机会开始，一个人哪里会有"背景"呢？

抱怨、沮丧过后，我决定自己去寻找那"前三年工作经验"，于是拿着已经写好的方案，萌生了一个想法：虽然课题没有申请下来，我其实依然可以去厄瓜多尔做调研啊。当我确定了要自己去厄瓜多尔之后，便开始考虑具体的出行事宜。

第一项是计算花费。虽然厄瓜多尔之行的所有费用都需要我独自承担，但毕竟纽约的房租很贵，我只要在寒假把房子短租出去，纽约飞往厄瓜多尔的机票就可以解决了。而与在纽约过寒假相比，在厄瓜多尔无疑是很便宜的。

第二项考虑是接受最糟的结果。学新闻出身的我，可以尝试写报道，而哪怕最后什么成果也出不了，当是一次旅行不也不错吗？这样的心理调适，让我的厄瓜多尔之行简单纯粹。

寒假前几周，我买了机票，然后到大使馆办了签证，临行前向同学们宣布：我要去厄瓜多尔做调研了，主题是：中国企业对厄瓜多尔环境的影响。

出乎意料地，尽管没有正式申请到课题，自然也没有课题导师，但哥大的许多老师在看到我有认真备行后，都与我耐心地讨论了这个课题的背景、调研阶段要注意的事项，更是给我介绍了他们在那边的人脉；许多同学在知道我要去厄瓜多尔之后，也都会跟我说："我有个朋友在那边，你可以去见一下。"

在老师和同学的鼓励帮助下，我初次在网上加了两个当地朋友，知道了一个当地学者的名字，要到了一个环保方面的非政府组织（简称 NGO）

◎厄瓜多尔食人鱼

的名字，随后，我降落在厄瓜多尔的首都——基多。

走出机场之后，我打了个出租车直奔青年旅社。经过几乎一整天的等待之后，我终于见到在网上认识的当地青年尼尔森，在他那里，我了解了许多厄瓜多尔的现实情况，这让我对接下来的调研工作有了基本的思路。

第二天，想要马上开始行动的我直接打车到我所知道的环保NGO。在"生态行动"（Accion Ecologica）的总部，我见到了伊斯潘拉兹阿姨。其实在去之前，我非常担心他们不会见我：我不是学者，也不是记者，甚至连个推荐信都没有。去了之后，我发现自己真的多虑了。

伊斯潘拉兹阿姨告诉我，我是她深度交流的第一个中国人。通过交流，我了解到他们不知道中国企业项目在环保方面的具体细节，更不知道自己能在这方面做什么。恰逢其时，突然出现的我，成了她的窗口。

我告诉他们，中国人之间是如何打交道的，中国企业大概是怎样的，如何和中国企业进行有效沟通，等等。作为回馈，伊斯潘拉兹介绍我认识了许多当地人。瞬间，我手上有了几十个当地的联系人，而且他们都对能与一个"中国记者"沟通感到非常兴奋。

进行了十余场采访，从当地人口中了解到大量信息后，我敲开中国大使馆的门，说明来意。经过一番介绍，我又接触到一些相关的中国企业，竟然发现他们中的部分负责人与我认识的老师是老相识。于是，我又对这些中国企业进行了系列采访。

这期间，在当地青年尼尔森的指导下，我学了最基础的西班牙语：厕所在哪里，多少钱，我要去哪里。我还学会了如何乘坐当地的交通工具。

随后，我前往亚马孙雨林，既然是调研，我必须到第一线去了解这个国家的生态保护。虽然这一路有很多不容易，但我发现，在大巴站如果语言无法表达清楚，你可以试着用画画的方式来解释。在拉美国家（后来发现还有非洲国家），只要你懂礼貌，多说"对不起"和"谢谢"，会有很多陌生人尽心尽力来帮助你，甚至将你当作子女般爱护。很多我以为"不可能"的事情，当开始去做，都变成了可能。

就这样，我有幸见证了中国投资企业在厄瓜多尔与当地人沟通的全过程，也与方方面面的人对过话，直到文章写出来了，我又向本科新闻学院的老师求助：我写了篇关于中国企业在南美的文章，不知道哪里可以发表？

那还是2011年，关于中国企业在发展中国家的现状与挑战的现场记录非常稀少。最后，我的文章成功地发表在了《南方周末》上，而且是整

◎厄瓜多尔日落

版的深度报道——这对于我本科学校复旦大学新闻学院的研究生来说，也是不常见的。这篇在厄瓜多尔完成的第一次调研报道，为我打开了人生的大门。

在那之后，我在哥大的老师和同学们都知道了，有一个中国学生在积极关注中国海外投资，当我再去申请类似的调研资助项目时，很少再出现申请失败的；渐渐地，有许多国际组织知道了我的调研经历，会邀请我加入他们一起前往其他国家进行调研，我不仅不需要承担费用，有时还有工资收入；从那以后，机会的大门才真正地向我打开。

　　时光如白驹过隙，回想起来那已经是七年前的事了，如今当我在非洲、南美，带领着"中南屋"的学生在发展中国家与地区进行调研学习时，当我的经历、中南屋学生的事迹得到 CCTV、BBC 等世界著名媒体的报道时，我知道，所有的门，都是随着当时那次厄瓜多尔调研之行打开的。

　　许多人问我，是怎样申请到那个厄瓜多尔的项目的，每当这时，我都会说：哪有什么项目，如果想要做什么，去做就是了，所有的人都会帮助你，所有的成果都会随着你追求卓越而向你靠近。那么，项目就在你手上，你眼前，你脚下。

2. 2012年
到巴西去，记录里约热内卢贫民窟的黎明

© 2012 巴西调研

　　因为有了厄瓜多尔的调研经历和发表成果，我后面的调研再也不需要自费了：许多国际组织的调研项目找到了我，而老师要做相关课题也会想到我，把我放进课题组。

　　因此，我获得了许多校内和校外的国际项目资助机会，去了秘鲁，又去了巴西做调研。在这些地方，我看到的世界越来越大。

"你们观光客往往满眼的沙滩啤酒，却看不见里约热内卢是这个世界上最隔阂分明、两极分化的城市。喏，比如那座山，隔开了游客热爱的南区和大量贫民窟坐落、几乎可以说被遗忘的北区。"啜饮着巴西的轻啤酒，透过厚厚的镜片，伊凡向着窗外的基督山眺望。这位头发皆白、走路一瘸一拐的老者，是巴西最大传媒集团"环球电视"的一名退休记者。

我们的对话发生在"勒布朗购物中心"。勒布朗区是里约的一个典型富人区，而勒布朗购物中心则是这个富人区最有名的购物中心，充斥着让人眼花缭乱的商品。当夜幕低垂，透过顶楼咖啡厅的大落地窗，你可以看见里约璀璨的灯火：那些灯火，既来自于都市的繁华，也来自于贫民窟的喧嚣。

"我从来没有去过贫民窟，为什么要去那样的地方？"吉西丽是一名年逾五十的大学教师，住在里约大湖边上的高级公寓里。像绝大多数里约上流社会的人一样，她从未去过贫民窟——尽管它们近在眼前。

这里有科帕卡巴纳和依帕内玛长沙滩，这里有张开双臂的基督巨像，这里也有六百多个贫民窟。欢迎来到里约热内卢，这里是举办 2014 年世界杯和 2016 年奥运会的地点。

荷西尼亚和贫民窟摄影师

"我至今记得小时候说自己住荷西尼亚时其他小孩子的反应：他们远远地逃开了。"里昂那多·利马今天过着颇为体面的生活。为了能够对贫民窟进行报道，环球电视从 2012 年开始实行了一个项目：招募来自贫民窟的年轻人作为特约记者对贫民窟进行报道。得益于该项目，在里约最大贫民窟荷西尼亚长大的里昂那多获得了一份在同辈看来梦寐以求的工作：环球电视的记者。

"我至今记得，获得工作的那天，我网上的好友们给我发来了数不尽的祝贺。在里约，环球电视是最好的工作单位之一。"里昂那多说。环球电视没有看走眼，靠着攒钱买下的单反相机，他拍下了荷西尼亚的变迁，并获得了多项摄影大奖，成了赫赫有名的"贫民窟摄影师"。不过，直到今天他仍然对身份带来的阴影耿耿于怀。

离荷西尼亚的市集五百米的地方，是一个高尚住宅区的时尚购物中心。从荷西尼亚往那走，是一条通往海边的路，路上可以看到许多从贫民窟去那里的或往回走的人。在里昂那多的眼里，来自贫民窟或是来自高档小区，行人的身份轻易可辨，从穿着、化妆，乃至体形等。他清晰记得儿时母亲带他走这条路去高档小区里为人家打工的种种经历。

随着里昂那多，笔者穿行在贫民窟荷西尼亚的大街小巷。

像绝大多数里约的贫民窟一样，荷西尼亚位于半山腰上。白天，沿着主干道蜿蜒而上，你会震惊于它的繁华热闹，似乎看不出这和一个普通的小镇有什么区别。然而，路旁荷枪实弹的"警察"却在向你暗示这个地区的危险。

"几个月前，我们的两个同事才死在了这里。这个叫'199'的荷西尼亚入口处。错综复杂的小巷和附近的森林，为黑帮毒贩提供了极佳的藏身之处，我们无法剿尽。实际上，我们被派来的任务只是收缴大型武器而已，并非真正消灭黑帮与毒贩——那是不现实的。"蒂亚戈是一名路上的警察。

自从 2009 年开始，巴西政府对里约市的贫民窟实行"镇压行动"，即向各主要贫民窟派遣专业化部队对毒贩、黑帮等武装力量进行清剿，并设置新的驻扎和巡逻点，从而改变贫民窟的治安环境。

里昂那多亲历了警察进驻的那一晚，并且偷偷在阳台上设置了相机进行记录：夜深，戒严，街上空无一人，坦克进驻的轰鸣声之后，也没有听见枪响，但是当黎明来到，很多人已经被逮捕，荷西尼亚变了。

"新的道路逐渐修建起来，社区文化中心、图书馆、体育场都逐渐设立。现在的荷西尼亚，已经不是那个你随时要担心生命安全的地方了。我深知不断摄影记录的重要性，因为我看到荷西尼亚每年都在发生翻天覆地的变化。"里昂那多感叹。

那不堪回首的夜

"我这辈子都不想再踏入贫民窟了。"布鲁诺的童年是在邦苏瑟索度过的。那里严格意义上讲并不是贫民窟，但是却被数个大贫民窟夹在中间，因而，对布鲁诺而言，人死在面前根本不是什么小说里的事情。

今天，28 岁的布鲁诺住在波塔法格区，这是一个不穷不富的繁华地段。而在 2006 年以前，他住过数个在里约"北区"的贫民窟，而邦苏瑟索的经历是他最难忘的。

"12 岁时，我刚走出校门，就有人过来逼我拿一把枪给学校里的一个人；14 岁时，我和朋友在街边一个小店喝酒，旁边一个人被另一个人踩了一脚，站起来直接就开枪把那个人打死了；15岁左右，在街上的电线杆上，一个孕妇被杀死并吊了起来——她身为一个帮派的人，却跟另一个帮派的人好上了。我们那里，有三个主要帮派：红色司令官、第三司令、朋友会。帮派之间为了抢夺毒品生意地盘，总是武斗不断。"布鲁诺讲起童年时的经历，笔者听得瞠目结舌，好半天反应不过来，就吐出了一个"酷"字。

"酷？你如果看着这样的小说是很酷，但是当你实际生活在这样的小说里面，就不酷了。"

尽管生活得提心吊胆，很长一段时间里，布鲁诺却没有办法离开那个地方，他在那从1995年住到了2006年。在他的童年，父亲作为一名流浪艺人长期不在家，而母亲靠帮人打零工度日，每个月只赚700—800雷亚尔，比最低工资就高出200左右。那时候的他们，根本没有能力从那里搬出来。

"在邦苏瑟索，我们77平方米的小单元房只要5万雷亚尔，现在我住的波塔法格的44平方米的单元房，则要75万雷亚尔。"布鲁诺介绍，直到后来父亲混出了名堂而他也找到了一份摄影的工作后，他的生活境况才发生改变。当听到记者希望去贫民窟看看后，他完全无法理解这份疯狂："是我的话，就宁可永远不去那样的地方。"

这样的童年在贫民窟度过的里约孩子并不是罕见的。里昂那多说起童年"趣事"时谈笑风生："有次我们踢足球，一个球员因为拖欠毒资，突然就被人开枪打死了。当时我觉得好遗憾：球赛，就这么结束了？"

今天，大多数的贫民窟贩毒黑帮已经被镇压了。但是，仍有少数贫民窟还处在这样的状态。是的，近代历史小说和现代发展故事，共存在这座都市之中。

世界杯和奥运会：贫民窟的曙光？

"你觉得奥运会后，你们的镇压工作还会维持下去吗？"笔者问蒂亚戈，荷西尼亚的警察。

蒂亚戈耸耸肩："伙计，我真的不知道。"

警察毫无疑问给里约的贫民窟带来了翻天覆地的变化。但是，这为了迎接世界盛会而实行的项目，因为过于昂贵，许多人在质疑该项目的可持续性。除了报酬高于贫民窟原有的普通警察，大量新增的人手本身就是一笔很大的开销。因而，没有人知道奥运会之后，该项目是否会继续下去，贫民窟是否会回到原来的黑暗。

不过，改变也是实实在在发生着的。今日的贫民窟，已经不是当年那个电影里恐怖的"上帝之城"了，无论这些改变是由什么带来的。

在荷西尼亚，新的英语培训学校开起来了，因为相信世界杯会带来更多参观贫民窟的游客，一些人开始学习英语。

在巴西，私立大学昂贵，而公立大学难考——尤其是对教育基础差的地区。但是今天，为了让贫民窟出身的年轻人也有受教育的机会，巴西政府为这样的人提供大量的私立大学奖学金。

很多贫民窟出身的女孩子从事性服务业，虽然色情服务在巴西是合法的，但是由于社会歧视，她们的权益得不到有效保障，甚至会面对被嫖客抢劫勒索而警察拒绝受理的情况。由于预期到世界盛会将带来大量的"商业机会"，她们成立了自助组织，要求获得更多的社会权益和保障。

许多的志愿者项目如雨后春笋般冒出，教授贫民窟的人一些技能，也包括教授妓女们英语，好让她们少被外国嫖客欺骗。

大量的贫民窟联合起来了，成立了 CUFA 贫民窟联盟——因为贫民窟人口在投票人口中占了很大一部分，他们希望更多地参与到政治决策之中。

后记

2013 年 3 月 16 日，周日，凌晨两点，笔者来到了贫民窟荷西尼亚的桑巴舞学校，参与贫民窟特有的深夜周末狂欢：Funk 派对。

这是一种上流社会视之为粗俗的派对：无论是歌词，还是他们特有的"舞步"。然而，这种贫民窟特有的深夜狂欢，吸引了越来越多来自上流社会的年轻人和外国游客在凌晨出发去贫民窟参加——冒着被抢劫的风险。在里约的青年旅社中，甚至有组织去这种派对的服务。

"让我们拥抱欢乐的荷西尼亚!!!"摇滚歌手在舞台上摆出巴西的胜利手势，台下欢呼声排山倒海。派对结束时，已经是五点左右，里约的黎明即将到来。

3. 2013年
哥大毕业去非洲，
野生动物保护从此成了我生命的关键词

2013年，我从哥大毕业，那个时候，经历过厄瓜多尔、巴西调研的我决定去另一片我一直向往但还没有机会到达的大陆——非洲。于是我找啊找，找各种机会，最后找到了这样一个项目。

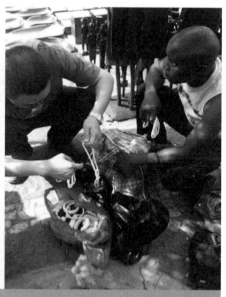

◎象牙交易现场

很巧，2013 年底，南非的金山大学在招募中国记者，资助他去非洲做象牙、犀牛角贸易的调查报道。我申请了。其实，这个项目本来写着要有三年以上工作经验，刚毕业的我并没有。但是因为我原来在南美洲的丰富调研经历，我被录取了。那是我第一次踏上非洲的土地。

我逐渐了解到大象保护和象牙贸易的这个话题。其实象牙有三分之一是长在自己的脸里面的，所以一般来说，盗猎者为了获得象牙，是要把大象的脸给削掉的。肯尼亚的象王"萨陶"也是因为这样的情况被杀。

这里可以给大家讲一个小知识：如果大家去看历史上的照片，会发现以前像萨陶这样有非常长非常大的牙的大象其实有很多。但是今天如果去非洲，很多时候你看到的只能是长着较小的象牙的大象。

为什么？因为象牙越大就越值钱。

盗猎者会优先去猎杀牙更大更长的象，而它们的基因就这样损失了。也就是说，如果盗猎不断地进行下去，我们未来去非洲，你看到这样的大象的可能性就会越来越小。

而真正冒着生命危险去草丛里射杀这些大象的，往往是非洲当地人。杀这样的一头大象，可能只能赚两百到三百美金。但是在市场上，一公斤象牙可以卖到几千美金，而一根普通的象牙就能达到十几到二十公斤。

◎生活在非洲的大象

我当时做了一些调查，在国际上又发表了一些相关的调查报道。在这之后，有一些国际野生动物保护组织就找到了我。我当时第一个认识的国际野保组织的朋友叫奥菲尔。他是以色列人，原来在以色列当兵。后来去非洲做丛林探险，遇到了一只被走私的黑猩猩。他把这只黑猩猩解救了出来，给它起了一个名字，叫"未来"（Future）。

因为这样的一个事件，他对这个话题产生了浓厚的兴趣，希望能够去帮助这些动物。所以他成立了一个机构，叫作"猎鹰网络"（EAGLE network）。

他们做的事情就是通过各种各样的卧底调查员跟走私犯接触，让这些

走私犯带着象牙和犀牛角过来见他的交易对象。在那个时候，警察会出现，把他们逮捕。因为他，我后来参与到了这样的一些行动之中。

做调查的过程中，经奥菲尔介绍，我遇到了一位奥地利纪录片导演。他正在拍一部以象牙贸易为主题的纪录片。知道我的情况后，他希望把我拍进去，用于讲述一个更客观全面的人们与象牙贸易做斗争的故事。这就是莱昂纳多·迪卡普里奥作为执行制片人的奥斯卡入围影片《象牙游戏》的由来。

在非洲做象牙贸易卧底，是什么样的体验？

"突突突……"

奥菲尔、丽莎、我，我们三个人坐在三辆"波塔波塔"（摩的在乌干

◎象牙工艺品

达的名字）上，和后座绑着的行李一起，随着破旧的摩托车轮呼啸向前，从尘土飞扬的黄昏一直冲进了星空漫天的黑夜。两边没有路灯，马他突（当地一种小巴士）在坑坑洼洼的马路上左右乱窜，当地人突然出现在眼前又突然消失不见。而我们的波塔波塔还要更疯狂，不断超车，穿插着马他突前行，不时地在飞驰中擦碰旁边的行人和车灯。加上不断撞死在脸上的小虫，这一切让我一次次闭上眼睛，咒骂提出坐波塔波塔建议的奥菲尔：好不容易没死在走私犯手里，要是居然死在摩的上该多么不值得。

从乌干达首都坎帕拉到国家机场所在地恩德培，从我们坐上摩的的地方起算是45公里。2015年3月27日，告别了特警部队和被抓获的走私犯，我们一行知道如果坐普通的汽车是赶不上飞机了，于是决定坐摩的——只有它们，在马路高度堵塞的情况下有可能让我们赶上飞机。

路上太黑了，看不清前方。自己的波塔波塔在最后，我也看不见前面的奥菲尔和丽莎，只好紧紧抓住头盔都不戴的司机，一边祈祷能安全到达，一边脑子里像过电影一样回忆这一天的波澜起伏。

一小时的飞驰后，我们在机场知道这趟航班临时取消了——这在非洲并不是稀罕的事情。来到机场安排的酒店，拿白毛巾一擦脸，毛巾变得跟抹布一样脏。但是，无论如何，总算能坐下来了，能喘口气了，于是我打开电脑，打算记录这段神奇的旅程：不出意外的话，我大概是极少数的见证这一切的中国人。

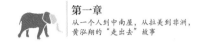
猎鹰布网

3月初，肯尼亚内罗毕，奥菲尔·多利给了我大约十个电话号码。

"尽快用我们那个电话打，都是我们在乌干达盯上的走私野生动物制品的走私犯。"奥菲尔说得好像很轻巧。

生于以色列，在西非喀麦隆与猩猩结缘并立志为野生动物而战，作为猎鹰网络的创始人，三十多岁的奥菲尔是我见过的最疯狂、最投入的反野生动物犯罪调查者。在环保圈都有这句说法："没有你找奥菲尔的时候，只有他找你的时候。"为什么呢？因为他总是突然出现，说完事情后又突然消失，别人打的电话也经常不接。大家也都理解，他特别忙。在他的麾下，猎鹰网络分布在十余个非洲国家的特工们保持着每周至少让一个大野生动物走私犯落网的记录。在野保圈，很多人做宣传教育，奥菲尔做的却是很少人做的、最艰难的事情：抓捕走私犯。

"你好，是XX吗？我们公司准备在乌干达开展业务，你的名字在我们潜在合作伙伴的名单里。我已经派了我们的代表去乌干达了，我没时间跟你细说，让她联系你跟你细谈，OK？"按照奥菲尔的指示，我的最初工作就是打这样的电话。如果对方想细问，我便打断他们，说没有时间跟他们废话，生意细节也不适合电话谈。这样是最合适的——这种居高临下的态度，让他们相信一个大老板就在电话的另一头。

有这样的电话铺路，奥菲尔旗下的非洲调查特工就方便了。

电话后不久，丽莎从肯尼亚飞往乌干达，进行与走私犯的初步接触。丽莎是奥菲尔手下无数特工之一。根据奥菲尔的说法，丽莎是他在东非最勇敢机智的特工。也因此，当猎鹰网络在乌干达刚刚组建队伍却面对极其狡猾的走私犯时，奥菲尔觉得丽莎和我是他打开局面最有力的帮手。

丽莎是肯尼亚人，据说原来在肯尼亚的某家旅行社工作。后来，因为对保护野生动物的激情，也因为正好没有其他很好的工作，她被人介绍给了奥菲尔。

"我可不打算以后对我的孩子说：曾经，我们这里有种动物叫大象……"三十出头、面容消瘦、眼神锐利、已经结婚的她，有着疾恶如仇的性格，以及野生动物资源将决定自己祖国未来的信仰。

阿昆、艾迪、史蒂夫、雷利

3月25日清晨，奥菲尔、丽莎、我三人到达乌干达，准备收网行动。因为各自行程安排紧凑，我们只有三天的时间，预定在3月27日晚上9点飞回肯尼亚。

"史蒂夫吗？我是茉莉亚……""阿昆吗？我是史黛西……"到达当天，丽莎开始马不停蹄地见我们的目标人物，而我则在酒店继续打着电话，准备第二天的出山。

阿昆和史蒂夫是我们的主要目标，他们都有着长期的走私犯罪反侦查经验，过去一次次从警察手中逃脱。经过初步的调查，他们手中持有大量的象牙、犀牛角、穿山甲鳞片、河马牙。乌干达的走私网是交织的，艾迪同时与阿昆和史蒂夫合作，似乎是贸易的关节人物。

雷利是一个七十多岁的老头，他自己已经逐渐隐退了，引起我们注意

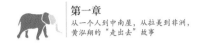

的是，调查显示他为一个在乌干达的白人提供象牙。

第一天在平淡无奇中过去，丽莎见完了对方一轮，然后卡住了：他们想要见我——电话那头的"大老板"。对于这些经验丰富的走私犯而言，他们一方面经历过不少来自本地警察和国际刑警的诱捕，知道非洲人很可能是卧底，另一方面也知道在真正的生意里面，非洲代理后面的亚洲或欧美买家才是真正有话语权的人。无论哪种情况，他们都会想要见到通过电话且告诉他们将亲自前来乌干达的我。

"我们要尽量一次只出一张牌，不至于让自己无牌可出。"奥菲尔很希望让我留在最后面出场。经验丰富的他知道，如果轻易让他们见到我，下一步就是谈论付款了，我们将很难继续出牌。

26日早上，丽莎约史蒂夫见面。谁知道，当丽莎等在约好的咖啡店时，史蒂夫拒绝出现——他说，如果见不到我，他觉得没有继续谈的必要。我

◎《象牙游戏》中的黄泓翔

们知道史蒂夫的线人一定在那周围看着，于是，我坐车前往，下车短暂训了丽莎一顿说她浪费自己时间，就和她一起离开了。

我们注意到，咖啡店里一个坐在角落的人一直在观察我们——那个人后来又在后面的会面中出现了——那是史蒂夫的眼线。我们走了，史蒂夫并没有给我们打电话，于是我们就去见了雷利，并要求他引见那个白人。

雷利的门牙已经没有了，年纪很大。他没有多问和多说，带我们去了那个白人的工作坊——那是一处非常隐秘的地方，只是此时里面并没有象牙，只有少数几件木雕。据雷利说，这是那个白人加工的地方——他没有透露关于那个白人的信息，只是离开时说后面给我们他的电话——这个承诺后来一直也没有兑现。

然后我们见了艾迪。准确来说，是丽莎见了艾迪。我短暂出现在了会场，表达了对把自己叫来的丽莎的高度不满："这不是我们做事情的程序，如果你没有看见货物，我是不会来讨论后面细节的，没有意义。我也不可能自己先去看货物——我怎么知道那不是圈套呢？"在表达了对丽莎的不满和对艾迪浪费我时间的不满后，我离开了——先怀疑别人的人，不容易受到怀疑，这是奥菲尔传授的经验。

阿昆本来说是下午见面再聊，却在午后开始就再也没有接电话。26日下午四点许，我表示自己会出现后，史蒂夫倒是迅速地出现了。

跌入谷底

我们约见史蒂夫是在一个购物商城的咖啡店，我让丽莎先去那边，确

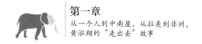

认了他的存在再告诉我前往。

穿过人群和走廊，我终于看到了史蒂夫——我们最主要的目标。他表情阴郁，沉默寡言，和丽莎坐在那里，双手放在胸前，戒备心很重。在故意到处张望以让自己看起来显得过分紧张之后，我让陪同的司机站在旁边把风，伸手和史蒂夫问好，然后坐了下来，对丽莎进行"例行程序"。

"这是最后一次！你这样子违反程序，如果再有下次，玛丽可以更好地做你的工作，不觉得吗？"

然后我转头面向史蒂夫，一脸真诚："很高兴认识您，您是叫……哦史蒂夫先生对吧？我想我应该在电话里跟你说得很清楚，我们有固定的程序要走：我们的地方代表验货确定你是真的合作伙伴，然后告诉我，我再验货，最后成交。你知道，有很多人都会跟我们说他们有这、有那，结果都没有。现在我这样来见你冒着很大的风险，谁知道你这里有没有人在盯着我们呢？我并不真正认识你，也并不能相信你。如果你真的想做这个生意，给我的代表看货，和她谈好细节。听清楚了吗？我不想待在这儿了，再见！"说完，我起身离开。

"啊，你要走了？就这样？"在过程中，史蒂夫一言不发，若有所思，但是见我这么快就要走，他非常吃惊。我继续无视他的吃惊，立刻走了。

我的出现，赢得了史蒂夫第二天带我们看货的承诺。

但是这个第二天来得非常不顺。

首先是警察局出了问题。奥菲尔的猎鹰网络是和当地警察合作的，因为他们才是真正的执法者。然而和非洲效率低下的警察合作并不是容易的

29

事情——26 号下午，警察局的官员突然发难，说要行动还需要很多审批。

逮捕行动还没准备好，我们的行动就只能拖延。26 号傍晚，艾迪想带我们看货我们只能拒绝，而 27 号上午我们也不得不一直待在警察局等奥菲尔的外交努力。本来约了史蒂夫十一点，但是我们只能十二点给他打电话说要改到下午两点。直到下午两点，警察团队终于就绪。

那之后，问题开始了：史蒂夫电话关机，偶尔重新开机，但是完全不接我的电话——这在之前是不可能想象的。

雷利没有兑现诺言，阿昆那边连看货的阶段还没到又无法行动，艾迪说他不在城里。我们坐在警局的车里，吹着调到最大的空调，心里无比失落。我们晚上六点必须去机场，而此刻已经下午两点了，难道，这趟我们要扑空吗？到底是怎么回事？莫非警察局里……我们不敢想象，却又可以想象。

下午三点，我们说服了艾迪回城里见了丽莎。但是，时间流逝，丽莎的会面却迟迟没有进展——本来的计划，应该是艾迪直接带丽莎去验货，我们借机逮捕。我只好给丽莎打电话，丽莎将电话交给艾迪，艾迪说了："你知道，我们这圈子很小。你们昨天见的人里，有人认为你们是国际刑警，让我们的货主不要轻信。"

听了这话，我脑袋嗡的一下，心想这下没戏了，一定是史蒂夫——这也解释了为什么他不接电话。但是我假装镇定："哈哈哈，你知道，我们这行互相怀疑是正常的。那就这样吧，我们以后有机会再合作，我让丽莎回来吧。"

挂了电话，整个团队都非常沮丧：这些天的行动，扑空了。此时，已

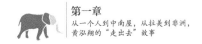

经是下午四点，离我们前往机场还有两个小时。

柳暗花明

15分钟后，我打电话问丽莎是否已经离开。她说她在等艾迪的朋友过来带他们去看货。

"不是生意取消了吗？"我不解，于是让她把电话给艾迪。

"我说别人怀疑你们，但是我觉得你们是真正做生意的，我正在努力说服货主……"艾迪说。

我心中狂喜。半小时后，丽莎随着艾迪和艾迪的朋友，到达了看货地点——坎帕拉市区的一条小道。电话打来汇报。"我现在看到了两个犀牛角，七公斤左右，还有一大堆穿山甲鳞片。"丽莎说。

◎黄泓翔在走私犯的车里，从麻袋里掏出穿山甲的鳞片

本来，这样子已经可以逮捕了，人赃俱获。然而，我们得知，伪装成司机的特警维特并没有跟丽莎在一起，而旁边盯梢的警察部队居然已经跟丢了丽莎，我们都很无奈。

"告诉艾迪在那边等着，我亲自来验货。"我告诉丽莎。

这是唯一一个重新让货物和罪犯一起暴露在我们面前的方法。

我的车抵达了，停靠在丽莎的奥迪车旁边，但是我拒绝走出车门。我告诉丽莎，我非常害怕这里有埋伏，要求他们把货拿来给我看。我装作非常害怕，以至于艾迪都笑了。事后丽莎告诉我，艾迪当时在笑说"看他那么害怕，还能不能做生意了"。

你越害怕，对方就越放心。这个技巧，也是奥菲尔传授给我的。

艾迪的伙伴开着另一辆车到了，停在我们旁边。我准备让他们把货物拿到我这里给我看——我还特地要求丽莎把她的司机叫出来站在旁边，因为他带了手枪。

此刻，埋伏的警察突然行动了！

一辆车飞快地驶来，车门打开，跳出了武装警察们。艾迪的伙伴似乎早有准备，跳上了旁边一辆摩的，飞快离开了。艾迪也想逃，没出几步就被制伏，只能一脸懊恼。

只是，埋伏的警察把行动搞砸了。

奥菲尔多次叮嘱警察要看到货物再行动，然而，果然，车里只有穿山甲鳞片——整整五大麻袋。但是，犀牛角并不在。而且，居然在包围圈之中，让一个罪犯逃走了。

警察头目还笑着对我说，行动成功了。

我惊诧：不是跑了一个吗，而且是货主。

警察头目说：行动没有 100% 成功的，这样很不错了。

我只好无奈。丽莎也很无奈。我们都有种自己的风险白冒了的感觉。

而此时，已经傍晚六点半了，我们三人出发前往机场，将犯人留给了警察。

尾声

"大卫（奥菲尔的乌干达负责人，一个检察官）告诉我，维特（丽莎的司机，卧底特警）试图释放艾迪，里面可能有什么不对劲。"在机场，奥菲尔心情沉重地告诉我。为了避免意外，大卫要求更换接收艾迪的警察局。

"有多少次我们要努力确保被抓的罪犯们都得到应有的审判而不是轻易走出监狱。"奥菲尔很无奈。

这一天，奥菲尔的妈妈来肯尼亚看他，他却只能让自己的未婚妻陪着自己的母亲，因为他必须战斗在最前线。

"回肯尼亚第二天我计划带她们去内罗毕国家公园看动物。"在飞机上，奥菲尔兴高采烈地告诉我。

4. 2014 年

4 月，在肯尼亚创立中南屋的雏形

◎ 2014 年中南屋大家庭留影

从报道到研究，从"观察者"能否变成"行动者"？

还记得 2013 年 8 月 15 日，我第一次踏上了非洲大地，第一站是肯尼亚。当然，那个时候我只是短暂停留了两周，便前往了南非进行为期三个月的野生动物保护项目。

在那之前的两年里，我一直在调研和报道中国海外投资在发展中国家的困境，虽然常常说关注的是拉丁美洲和非洲，但实际上，那时候我还没有到过非洲。所以，我来了。没有太多的深思熟虑，只是隐约感觉这片土地对我召唤已久。

作为记者？作为研究者？为中国公司工作？为国际 NGO 工作？我没有具体的概念，但通过我多次调研的经验和感想，我认为我最想做的，是让中国能够真正与世界对话。前几年里，我了解到在厄瓜多尔投资的中国企业的困境，在那里我对话本地员工和中国经理，知道了他们隔阂的核心是观念的不同。举个例子来说，雇用当地工人以及对待当地工人及工会的方法是中国公司在海外经营的一个问题多发点。中国的企业文化在厄瓜多尔起初不太适应本地的文化特色，因而有些劳工矛盾。可若是双方能打破自己内心原有的偏见，或许很多问题会迎刃而解。这样的问题见多了，我想，为什么我不能成立一个机构，去解决这种文化间的隔阂问题，让中国能更好地融入世界？

摸着石头过河

2014 年，做完南非的野生动物保护项目，我回到了我初到非洲的第一

◎在非洲，拥抱一切可能

个国家肯尼亚，决定成立一个机构叫"中南屋"，"中"是中国的意思，"南"是发展中世界的意思，"屋"就是一个对话的开放空间。我开始在网上发帖，号召中国青年人来肯尼亚加入我，一起做调研和项目，去探索中国人怎样更好地融入本地——当然，大家肯定是自己承担自己所有费用的。

根据我从国际上学习到的知识，我打算把中南屋按照"社会企业"的方式进行打造：用企业的方式解决社会问题，通过提供服务来收费，自己造血，而不是依赖于捐赠。

回到肯尼亚，不知不觉开始“创业”的我，最开始是什么都没有的。

这间名为中南屋的屋子 2014 年后充满了朝气活力，也总是中外宾客满门，成了不少初到此地的中国人了解当地、广交当地朋友的地方。有不知道具体门牌号的客人到了这个小区，只要问“那个有很多人来的房子”，保安便会指到我们这里。可最开始来到这间屋子的时候，偌大的两层楼，空空如也。

那时候虽然得到了一位中国企业家的支持，得到了不用付租金的房屋，孤立无援的我在肯尼亚其实是不知道如何是好的，没有资金，没有帮手，没有导师。开创一份事业，最大的痛苦并不在于做的事情有多难，而在于缺乏愿意一起做的伙伴。好在有各界的朋友支持我去做这样一件事。他们的存在，帮我抵御住了最开始的孤独，让我坚持到了更多小伙伴的到来。

2014 年 4 月 28 日，三个辞职过来的小伙伴从国内过来，构成了当时中南屋的主要团队。很快，除了我以外，中南屋就有七位小伙伴，还不包括我们的远程顾问和云端志愿者团队。这个数字半年后增加了一倍。中南屋申请的邮箱启用一个月，很快就收到 82 封申请，申请者条件非常出色，申请文书激扬飞跃。当时，因为做的事情非常稀奇和特别，一时间，中南屋成为肯尼亚华人圈和国际上关注中非领域者的热门话题。

起步

为一家中资企业在肯尼亚做的“非洲职业挑战赛”是中南屋的第一个项目，也是这一年里最重要的项目。当时，这家中资企业希望通过一个企业社会责任项目（CSR）给当地青年提供职业技能培训。而我报道中国"走出去"已经两年出头了，在我看来，这个企业社会责任项目在中国公司的海外 CSR 中，是出类拔萃的。

不是简单粗暴地给钱搞捐赠，不是靠修建一些高大上的东西来为自己立碑，这个项目实实在在地满足了中国海外投资中"技术转移"和"当地青年就业"的需求，又为中国企业的发展提供了战略人才储备。然而，既然不简单粗暴，就意味着需要像许多国际公司的 CSR 项目那样，要有专门

◎非洲职业挑战赛

的团队来做更专业化的构思。正是因为这点，中南屋的存在发挥了价值。

我们从国内招募来了有热情、有责任心的团队，并把几乎所有的人手都投入到了这个 CSR 项目的筹备中。后来，这个项目变成了中国驻肯尼亚大使馆"情系肯尼亚"年度 CSR 活动，开幕式得到了央视等媒体的广泛报道，许多其他中国公司也表示想要参与进来。

筹备非洲职业技能挑战赛的同时，我们开始组织一两周一次的活动，从严肃的劳工问题讨论会到八卦的中国男人如何在非洲追上日本女孩，从保护大象议题到美国留学生的个人选择，等等。中南屋作为一个社区服务者的身份，开始为肯尼亚的中国社区带来一些新鲜的活动，让这里的中国人能认识更多中国和外国的朋友。媒体信息平台，云端协作团队，投资调研，中南屋得益于参与者众多，从项目管理到资源拓展，各方面都开始慢慢摸索，缓缓生长。

摸着石头过河

老实说，我们是在不断调整的，甚至在创业过程中很多不靠谱的事情时有发生。

作为中南屋最早参加者的卡洛斯至今还记得，当他第一天看到中南屋招募告示，第二天再上网站，告示就没了。"这是不是传销公司？"他和家人都有此疑问，也怀疑得合情合理。那个时候，我刚写出了招募告示，放出去后想来想去觉得写得不好，又撤下来重写了。

而招募开始也是很"不正规"的。"加我微信"是我最开始对申请人

◎中南屋人员工作中

的统一回复。为此，我一位哈佛大学的朋友总是笑话我"能不能别这么随意"。那个时候，因为所有事情都需要自己一个人处理，从买家具到修网络到招人到谈项目，我只好硬着头皮上，手忙脚乱已成常态，至于招募形式的问题实在无暇顾及。

有人说，要做事情就要准备周全，做得一丝不苟。如果按这个标准，当时我可能不该急于招募人过来，因为连入住条件都还很糟糕，因为项目还没有拿下来，因为"还没准备好"；如果按这个标准，当时我似乎也不该一个伙伴都没有就跟中国公司接下一个 CSR 项目，因为没有人来做，因为"还没有准备好"。但是现在想想，如果不是迅速地行动了，抓住了机会，可能中南屋直到今天都还没有诞生，因为"还没有准备好"。许多事情，如果老说"当什么什么时候，我准备充分了，就怎样怎样"，很可能就没

有然后了，因为你永远没有真正准备好了的时候。

但是，很多事情确实是还没有准备好的。组织架构怎么建设，机构定位到底是什么，什么事情我们做，什么事情我们不做，如何向别人介绍我们自己……许许多多的事情我们至今也没有完全探索清楚，仍然不断在摸索、调整。我们的组织介绍，至今也不知道修改多少次了。

我并不是一个经验丰富的领队人，仅仅只是看到了某些可以前进的方向，跟随着动物般的直觉，鲁莽地前行而已。所幸有大家的理解和包容，所幸有大家不断教我，今天我才能看着组织的成长，心里如此幸福、如此感激，每想到此不免热泪盈眶。

我知道自己有多少东西不擅长：论资源链接调配，我不如我的小伙伴；论项目管理执行，我不如我的小伙伴；论对人际关系的处理，我不如我的小伙伴；论对政策或市场的研究，我不如我的小伙伴；论内务的设计和细心管理，我不如我的小伙伴……但是因为知道身后有这样一帮强大的小伙伴，我才可以自信地站在讲台上大声讲我们的愿景，信誓旦旦地跟客户担保我们能做到什么。如果说那最初的两个月我有什么最大的经验收获，那就是逐渐学习去大胆承认自己在很多方面的无能为力，让大家发挥各自的能力，各自去追求、去成长，并尝试用宽广的胸怀去包容别人，从而让人们和世界去包容你弱不禁风却执着不懈的梦想。

在星河的原野上

那个时候，几乎每天，我们都会认识新的人；几乎每天，我们都会经历新的事情；几乎每天，我们都会遇到新的贵人来助我们一臂之力；几乎每天，我们都会看到自己跟昨天有所不同。这些让我每每感叹生命的神奇。我难道曾经料想到两个月的时间能把这个事情做到这个地步吗？我难道曾经料想到两个月的时间能让我们成为大家关注和期望的新生力量吗？我难道曾经料想到这么多靠谱的人会来为一个还不靠谱、不成熟的设想一起努力吗？

其实，我们仿佛是一艘小小的帆船，不小心被推入了璀璨的星河，于是顺着时代和光的流淌，舞蹈在一个又一个的涟漪上，我们开始了一段精彩的旅程。我们并不确切地知道自己在哪里，并不确切地知道自己将走向哪里，并不确切地知道前面的大海是波涛汹涌还是慈祥平和。但是，我们知道自己想要去哪里，于是我们在黑暗的夜色中不断地调整自己的船头，在呼啸的疾风中反复地扬起年轻的三角帆。那么多的创业项目都会失败，那么多的理想都会铩羽而归，你也许会问，我们对自己的未来有多少信心？最终结果能否尽如人意？其实也没有那么大的信心。我坦白告诉你。

一般的创业就很难，而我们因为不以单纯的营利为目标，创的还不是一个一般意义上的业，这就意味着一定更难。像中南屋这样的机构，在那个时候——其实某种程度上直到今天，在非洲、拉美都仅有我们一家，这就意味着我们没有前车之鉴，只好自己摸着石头过河。但是，我们有信心：在这里开拓中南屋的每一天都是无比精彩、无比充实的。支持我们的，来到这里加入我们的，我们有信心，我们开拓的世界你一定不会觉得无趣，我们梦想的旅途你加入进来一定不会后悔。

◎可爱的非洲儿童

我当时充满憧憬：从这里走出去的每一个中南屋人，无论你以后是进入了外交部，进入了国企，进入了外企，进入了NGO，进入了媒体，在这里种下的种子都将在若干年后萌芽，并和其他人一起盛开出新时代的花——二十年后回顾，中国走出去的新一代弄潮儿，许多一定从我们中来，或是和我们相关。我们更有信心：如果中南屋真的反映了时代的某种征兆，如果我们在做的事情真的创造着世界需要的价值，那么我们便会在这片希望的原野上，扎下尼罗河一样悠长的根，长出猴面包树一样坚毅的干，开出金合欢树一样荫翳万物的叶冠，结出乞力马扎罗山一样顶天立地勇敢的心。

5. 2016 年

中国青年人在这里，成长为世界公民

高中时政治老师说："世界万物都是发展的，所有事物的发展形态都是螺旋上升的。"我自己是这样，中南屋也是这样。

从 2014 年开始，中南屋在肯尼亚慢慢成长，我也不断思考它的角色和意义。说实话我最开始真的不知道中南屋会是一个什么，我只知道，希望通过它，建立起中国与世界之间对话的桥梁，希望它能帮助中国人更好地融入非洲等广阔的世界。

因而最开始我们是以中国企业作为直接服务对象的。但是后来，我逐渐意识到，这个模式可能并不是特别走得通。一方面，以中国企业作为服务对象，以我们当时的状态和整个中国企业走出去的生态，很难建立一个可持续的商业模式；另一方面，我们发现其实老一代的中国企业家和华人与世界之间存在着巨大的沟通隔阂，因而很多东西的改变非常艰难。

我也开始反思，中南屋的成立，到底创造了什么价值呢？我们创造的价值真的在于那么几个项目、几个调研吗？恐怕不是的，中南屋创造的最大价值，可能在于建立了一个平台，为中国新一代青年走进非洲提供了窗口。也因此，我们把新鲜的血液注入了海外华人社区。也就是说，通过中

China House

China House is a platform to send young Chinese to Africa, Latin America, and other countries for research, community development projects, volunteering, and responsible tourism. As a bridge between overseas Chinese communities and non-Chinese, we work with NGOs, think tanks and so on to research overseas Chinese businesses and to engage them in sustainable development.

Founded in March 2014

Hongxiang Huang MPA-DP '13
Founder

Nairobi, Kenya

VISIT WEBSITE

◎哥大官网截图

南屋平台走到非洲的中国青年人，可能才是中南屋创造的最有价值的改变。

于是，2015 年左右，我们开始将重心转移到中国青年人本身，将中国青年人作为直接服务对象。

为什么是中国青年人呢？宏观来讲，新一代是改变一切的希望。常听身边的长辈说，中国新一代，生活在一个与以前完全不同的时代。他们接受着来自世界各地的信息，有着他们的长辈从未有过的资源，在这样的背景下，他们接受新知识、新观念的能力远远强于他们的父辈。而想要与世界对话，需要的恰恰就是这样的人。我们相信，既能与中国人对话，也能与世界对话的中国青年人，可以建立起中国与世界之间的桥梁。

除此之外，在哥大读书的时候我就听说：有不少中国学生，为了去哥大这样的欧美名校留学，会到非洲去为简历"镀金"：不少时候，其实就是到非洲玩了几个月，美其名曰做了"志愿者"。"去非洲和来欧美名校留学有什么关系？"当时我是不解的，直到后来，我才明白了其中缘由：独特的经历是让申请人脱颖而出的关键，而发展中国家的经历与知识也是国际名校对"国际视野"的真实定义。

借此契机，我们便开始思考：如果青年人走进非洲对于中国人之融入世界是有价值的，而中国青年人本身也有意向走进非洲，为什么我们不能做一些真正有意义的项目来让中国青年走进非洲、收获成长、融入国际舞台呢？这些项目绝对不应该是简单的非洲到此一游，不是申请名校的忽悠工具，而应该是有深度、有温度地用心工作，应该是青年人一生难忘和自豪的事迹。当然，它们也可以满足功利性的需求——有价值的经历与成果，本来就是可以帮助人实现个人发展的。

这就是中南屋调研项目的由来：在一段时间内，辅导中国青年来进行中国走出去、中非关系话题的调研和社会实践，让他们在这个过程中成长起来，也取得一定的成果，为他们的未来打开大门。更重要的是，他们的成果会给真正需要的人提供了解另一个国家、另一种文化的途径，让更多人看到，真实的其他发展中国家的样子。其实，就像我自己经历过的一样。

慢慢地，中南屋的学生多了起来。我也坐稳了"黄老师"这个称号。一开始也会怀疑自己，是不是能担当起"老师"这一称号。中南屋是一个走进非洲、走向世界的平台，但在我看来，更是一个学校。学生们来到这

◎中南屋学生做调研

里，在最短的时间内，培养出自己看世界的视角，获得国际调研的方法，取得自己的成果，而我、中南屋的所有导师，不是传统意义上站在三尺讲台上的"园丁"，我们只是学生们在走向世界道路上的引路人。我们教会学生看问题的不同角度，了解事实的方法，和一个世界公民应该有的视野。被学生叫"老师"次数多了，我也渐渐明白自己身上负担的责任，这一群群眼睛里闪着光芒、充满希望的中国年轻人，将由我、由中南屋陪伴他们迈出走向世界的重要的一步。

　　一开始带学生，我们并没有多少经验。如何给学生提供最优质的调研资源？怎样保证他们在一个短暂的周期内完成一份能在国际平台上发表的作品？在中南屋做调研的经历，能给他们带来什么改变？无数的问题不断捶打着我们团队，让我想起大家深夜不眠，讨论、开会的场景，一群人围着一个学生彻夜交流的场景，学生作品发表在国际知名平台时所有人欢呼雀跃的场景。每带一个学生，都是对我、对中南屋的打磨。后来，中南屋的体系走向成熟，我们通过资源联结，在非洲、南美洲都有了一批优质的调研资源，并且邀请非洲最大电商 CEO、资深野保工作者作为我们的本地调研导师。同时，我们为每一位学生设计课题，我们走进非洲最大的城市贫民窟，去调研医疗状况；我们奔赴肯尼亚的草原，去了解野保的商业机制；我们走进卢旺达最大的华人社区，为中国与非洲的交流建言献策……

这其中艰辛虽多，收获也大。我能感受到来参加过项目的学生，心中燃烧的火焰。野生动物保护项目学生子航，在离开肯尼亚的时候给我写了字条，上面说，"总有一天我要成为和你比肩的人"；一个人参加项目的高中生蒋楹，在肯尼亚拍摄了讲述中国 90 后女孩在非洲的故事的纪录片，从此以后发现了自己真正喜爱的事，并在前段时间发消息告诉我，她在暑假参与了联合国发展计划署的项目，为贵州的苗绣拍摄了纪录片，反响很不错；文化艺术调研项目的学生，参加项目后对非洲和中南屋念念不忘，通过申请成为中南屋的实习生，从"张同学"变成了"张老师"……故事太多，感动太多，就是这样一些触动内心的瞬间在不断地鞭策着我，时时刻刻提醒着我：中南屋应该带领更多的中国青年人走进非洲、走向拉美，让他们去领略这真实的世界，让他们在广阔的天地间肆意成长。

6. 2018 年

重回厄瓜多尔，回顾中南屋的成长之路与初心

最开始，我们带着学生以走进非洲为主，后来，又扩展到亚洲、南美洲，神奇地回到了我最开始做调研的地方。

2018 年 3 月，当飞机在烂漫的灯火中缓缓降落在厄瓜多尔首都基多，西班牙风格的街道在印第安血统的人群中展开，我眼前浮现出了六年前的记忆，那是伴随拉美音乐节奏打开的白色人生大门。

◎ 2018 年厄瓜多尔调研

六个年轮之前，我经过反复的思索与挣扎，飞向了厄瓜多尔，做一次自费的调研。

那是我第一次到发展中国家做调研，但是自那以后，一扇关于"中国走出去"的大门向我缓缓打开，让我看见了之前完全未曾见到、甚至未曾想象过的世界。在一个个中餐厅和中国石油、矿业、水电项目里，我看到了今天中国人遍布世界的足迹；在一个个西班牙小院里，我遇见了很多NGO工作者，听到了他们对中国来客的怀疑和愿望；在这些与中国隔着辽阔大洋的国度，我意识到了中国与他们之间的沟通隔阂，双方的互相不了解，以及这些隔阂可能带来的充满重重险阻的未来。

秘鲁、巴西以及非洲的十余个国家，一个个国家调研过来，到了后来，我变成了一个勉强被认可的"青年研究者"，成为许多国际组织的顾问，再去做调研不仅不用自己掏钱，还有一天几百美金的工资，这一切，都是我未料想到的。

我也开始思考，究竟怎样才能扩充自己的力量？去创建连接世界和中国的桥梁？于是2014年，我创办了中南屋，到2018年，已经走过了四个年头。

如今，经过四年的发展，中南屋已经初具一个"中国青年人走出去"平台的雏形。我们为希望做深度活动、为以后升学就业进行"背景提升"的高中生、大学生提供学术调研型项目，辅导他们到非洲、南美做调研，并且发表成果，就像我自己最开始在厄瓜多尔经历的那样。那些我在厄瓜多尔和巴西碰过的壁、受过的挫折，都成为我的经验。当学生向我抱怨：

◎中南屋学员在厄瓜多尔调研

"老师，我的采访对象非常不配合，从他嘴里问不出任何问题"，我就能迅速想到问题所在，一般都是因为学生在调研时问问题太过直接，让采访对象从一开始就产生很强的防备心理；或是在交流的时候用词不够准确，从而冒犯了调研对象……诸如此类，若不是有多次国际深入调研的经历，是很难避免的。我将方法教给他们，让他们走向田野乡间，去看看这个世界本来的模样。

就这样，我们学生的成果越来越好，*China Daily*、《人民日报（海外版）》

上，都出现了我们学生的身影；CCTV 纪录片《中国人在非洲》、董卿老师的《朗读者》、新华社、《国家地理》、Netflix 纪录片、《经济学人》、《纽约时报》等媒体与节目，也对中南屋正在做的事，有过详细报道和记录。

虽然我们离成功还有很远，但不知不觉，已经有数百名中国青年人通过中南屋走了出来，中南屋变成了今天的样子。无论是否满意来时中南屋的样子，毫无疑问，这些中南屋的学生看到的世界和自己所处的世界发生了变化。而这，也许就是中南屋最大的意义所在。

而我也不知不觉做了整整四年"黄老师"。

今天，坐在厄瓜多尔、肯尼亚、纳米比亚等遥远国家的旅馆客厅，看着面前中国青年人挑灯夜战，打字整理笔记、撰写文章提纲的样子，我内心感到无比欣慰。阔别六年回到这里，我已经不是那个自己去做调研和写作的人了，而面前这些比起当年那个人更优秀的中国青年人，才是新的故事的主人公。

基于前行者的经验和教训，使用着更专业的方法，拥抱着更澎湃激昂的时代，这些年轻人做的调研比我当年强多了，而通过他们和他们的作品，更多、也更坚固的沟通桥梁一定能够被架起来。再往远处想，这些孩子已经远远超过了我在他们年龄时的状态，那么，他们未来能取得的成就，也很可能将远远超越于我。当这些孩子具备国际视野和世界公民意识，无论他们是进入中国企业、国际组织、科研机构还是创业，他们都将是"一带一路"时代里的中流砥柱。

那么，也许我单枪匹马实现不了当年对世界的愿望，他们能够实现呢。

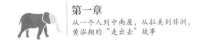

后来在南美、非洲，有时候当地人问我，为什么写作的不是我，我笑而未答，动机解释起来恐怕过于复杂了。

想起鲁迅先生写道："中国青年都要摆脱冷气向上走，能做事的做事，能发声的发声。"又想起前辈珍·古道尔老师，年迈的她放弃了待在森林里做自己心爱的研究，全世界到处飞，希望影响更多年轻人，尽管她并不喜欢嘈杂的城市和人群。

◎曾经独自调研

◎参与中南屋调研项目的学生

　　他们大概都是看到了"让世界变得更好"的正确方式，或者说，唯一希望吧，那就是影响下一个时代的青年人。

　　这"黄老师"，大概将是我此生最为热爱的称号。我所经历过的，亚马孙雨林河道上千年未变的星空，非洲草原上与万物共同生长的如血残阳，因为遇见人和故事所获得的惊叹和感动，这些我人生里最珍视的，我希望作为一块阶石，让你们站在我的身上，看到并且看到更多，中南屋的学生和孩子们。

第二章

中国青年走出去：
一个人不能改变世界，
一群人可以

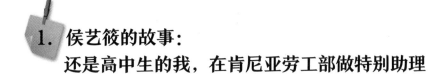

1. 侯艺筱的故事：
还是高中生的我，在肯尼亚劳工部做特别助理

◎侯艺筱

我出生在长春，从小在上海长大和读书。高二那年寒假，决定申请美国大学的我得知了一个去非洲做学术调研活动的机会。

因为父母从事与国际贸易相关的职业，我对在新闻里以及父母常常提及的中国和非洲紧密的合作与来往十分感兴趣。越来越多的中国人走进非洲，所以我特别想去这片神奇的大陆看一看。

年少的时候我跟随父母去过很多地方，这次却是第一次独自一人前往肯尼亚。忐忑地向父母表达自己想要去非洲的愿望后，没想到他们特别支持。叮嘱我一番后，父亲还与我分享了许多他以前生活在非洲东部坦桑尼亚的趣事：他第一次去坦桑尼亚的时候，忘记打疫苗，为了不在当地打疫苗，他在机场保安的眼皮下逃走；他也曾在国家公园里，离狮子只有十步远的地方悠闲地喝过下午茶……

父亲对非洲生活的描述让我对即将到来的旅行充满了期待，急切地想走出去，看一看自己能和肯尼亚碰撞出怎样的火花，能否做一些力所能及的事情。

◎侯艺筱和肯尼亚学生在一起

1. 初识肯尼亚

去肯尼亚之前，我知道我所了解到的非洲与西方媒体所展示的形象肯定有所出入，但脑海里很难勾勒出一幅完整的画面来，只能联想到坑坑洼洼的马路和破破烂烂的房子。但到了肯尼亚，我发现这里和我想象中的肯尼亚完全不一样。

城市里不乏高楼大厦，也有咖啡厅、国际品牌和大型购物商场。最让我吃惊的是巨大的贫富差距——我们在肯尼亚的消费比在国内还要高出许多，但在一般的街区以及贫民窟，他们的生活环境、消费水平和我们日常

接触的大相径庭。

我调研的课题是中国企业在肯尼亚的劳工问题和劳工纠纷，中南屋的黄老师是教我田野调研方法的辅导老师。当我在肯尼亚的中国工地上和当地雇员聊的时候，我问他们："你们每天这样工作累不累？"这些肯尼亚人说："中国人总是在工作，他们太勤奋了。但对于我们来说，我们更想享受每天的生活。"在我们的沟通中，我发现大多数当地人可能习惯拿了工资之后就去喝一杯，翘两天班再去上班——他们和中国员工的工作理念全然不同。文化上的巨大差异、语言交流上的隔阂、企业管理方式的不同都让中国企业在走出去的过程中经常遇到劳工问题。

◎侯艺筱和本地员工合影

2. 不是调查，是调研

刚开始做调研的时候，黄老师带我去一个中国餐厅吃饭。黄老师说："你可以找中国餐厅的老板模拟一下，如果你见到一些企业高管或者是工头，你要怎么跟他们聊？"

"你好，我是来调查你的劳工问题的。"我走到老板面前这样开口，差点引发了不必要的误会。黄老师赶忙在旁边纠正我："不是调查，是调研。"

后来我渐渐学会在调研的时候先和他们唠唠家常，介绍我们来自中南

◎街头偶遇的肯尼亚青年

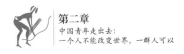

屋以及我们正在做的事，和他们较为熟悉之后，再适时引入劳工话题。经过了无数次的出错环节，我从中慢慢摸索学习如何向陌生人做一个专业而有亲和力的自我介绍，如何在聊天中准确地获取自己需要的信息。

我们尝试从各个方面了解中国企业在肯尼亚遇到的劳工问题：黄老师和我带着安全头盔跑遍了肯尼亚各大建筑工地，了解本地员工的诉求；换上西装敲开劳工部的大门，了解官员手上中国企业的案例以及他们在处理案件方面的困惑和难处；穿梭在钢筋水泥之间，与中国工头们一起交流讨论，了解他们管理当地员工的种种不易。

对于高二的我来说，在非洲做学术调研是一段神奇又特别酷的经历，让我第一次和非洲建立了奇妙的联结。还记得有一次，我去中国公司在肯尼亚修建的大型购物商城工地上采访，遇到一个当地人，短短聊天过程中他特别热情地向我介绍肯尼亚文化，回国之后，我们还一直在网上保持着联系。尽管走过很多国家，但在肯尼亚，那是我第一次感觉和当地人距离如此近。离开的时候，我在朋友圈里写道："在肯尼亚的生活充满惊喜。"

3. 非洲虽然不够发达，但它给你的机会特别多

"非洲这段调研经历对我有用，但我同时也想真正为非洲做一些事情。"

有些学者去一个地方进行了一系列的调研，和当地人建立了比较深刻的联系，当调研结束他们就离开了，后来发表的调研成果也带给他们超乎一般调研项目的成就感。但他们通常都不再回到曾经调研的村庄，也不会

◎肯尼亚街头一景：上班路上的时尚女白领

和村民有后续的沟通。虽然学者们因为自己的调研报告让更多人关注到了调研的话题，但引起社会关注之后，他们其实还可以做更多。这也是我在非洲调研之后，对自己的一点期待。

于是高二暑假，我再一次来到肯尼亚，不是以观察者而是以实践者的身份，尝试参与到帮助肯尼亚劳工部解决中国企业在当地的劳工问题。

你也许无法想象当地的政府机关怎么会把所有的中企劳工案子都交到在他们眼里像小孩子的两个"弱女子"身上，也无法想象中企的长辈们怎么愿意相信和支持我们的工作。但是黄老师曾经说："在非洲，没有什么不可能的，而且做什么你都是第一人。"是的，非洲虽然不够发达，但它

给你的机会特别多。

我和我的助教"兔子姐姐"在没有任何关系和介绍的情况下，敲开劳工部的大门，成功见到了劳工部部长和其他工作人员，和他们交流我们在中国企业中的调研发现，并真诚地表达了我们希望帮助他们解决问题的意愿。

真的没有什么不可能的——我成为肯尼亚劳工部的特别助理。那是我少有的如此喜欢并希望做成的一件事情。我们的日常工作就是坐在劳工部办公室里和前来投诉的当地员工面谈，了解他们的基本工作情况、为什么被辞退、想要多少赔偿。在了解了他们的需求后，我们开始查证他们的工资单，确认他们是正式工还是临时工等。

在收集齐相关资料和确认员工诉求属实之后，我们会带着这些材料去和中国公司进行沟通，并请中国公司提供相应的雇佣资料。最后，在我们的协调下，中国公司相关负责人和员工一起来到了劳工部，我们和他们一起当面确认雇佣材料和沟通事宜。

在处理了一些中国公司劳工案件之后，我和"兔子姐姐"将协助劳工部处理案件过程中学到的实践知识制作成肯尼亚劳工法指南，发放给中国公司管理人员。这本小册子随后在中国企业间流传，成为那个夏天我留给肯尼亚最美的小礼物。

4. 虽然不知道未来的具体方向，但唯一确定的是我要做一些有意义的事

还记得第一次去中南屋和黄老师聊天时，我说我来非洲只是想体验一下社会企业是什么样子，之后肯定是要去一个大公司，找一份稳定的工作，生儿育女。现在回头看我成长的轨迹，好像从第一次走进非洲开始，我就被黄老师潜移默化地影响和改变了。我去的时候中南屋刚成立，财务状态并不是很好，企业也还在摸索盈利模式，但是我能感受他作为创始人的热情、纯粹和坚持。我从那时候就开始憧憬着未来去做一些我真正热爱的或者能为他人带来改变的有意义的工作。

2017 年 8 月，我又再一次回到非洲。这一次我参加了一个服务社区的社会企业实践项目，地点在加纳。

每天上午我会给孩子们讲一些中国传统故事。加纳乡村的电视机大概只有巴掌那么大，也没有智能手机，村民对外界的了解十分匮乏，他们甚至都不知道中国在哪里，以为在欧洲——中国对于他们来说是一个完全陌生的国家。但十分可贵的是，他们愿意去了解和学习。当我给他们讲嫦娥和花木兰的故事时，他们听得十分投入，在课下主动让我教他们更多中文，还有怎么使用筷子和毛笔。

下午我们在社区做调研。我们设计社区的可持续发展以及盈利模式并在项目最后做小组展示。令人十分惊讶的是，现在来非洲做项目的同学都非常有思想、非常聪明，尽管我是以学姐的身份和他们一起过去的，但也从他们身上学到很多东西。

◎卖报的非洲青年

也许第一次去非洲是抱着背景提升以申请学校的目的，但这三段非洲旅程已经一步步为我打开了新的人生大门，我也真的爱上了非洲。

5. 非洲给我的烙印

今年秋天，我顺利开始了在美国顶尖文理学院艾姆赫斯特学院（Amherst College）的学习。接下来我想在大学里修一门非洲舞，还想大三的时候去一个非洲国家做交换生。虽然现在也不知道未来的具体方向，但我唯一确定的是我要做一些有意义的事。

◎重回非洲的侯艺筱

　　从上海到非洲再到美国，我感到人生就是一场实验。也许，不要把自己局限于眼前的事情，多尝试，多经历，探索更多的自己，这样，在不断探索的过程中，我们才能慢慢了解自己，找到自己真正想做的事情。

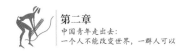

2. 阿光的故事：
上央视新闻的 95 后女孩，在害怕之前先举手

◎黄泓翔

◎与珍·古道尔合影的阿光

阿光，真名黄烨，她曾作为国际组织项目组成员，赴南非、莫桑比克、纳米比亚、津巴布韦等非洲多国进行深度田野调研，深度走访逾百家中资企业，进行学术研究。2017 年，她成为纪录片《在非洲的中国 90 后女孩》的女主角之一，并作为非洲野保人士代表登上央视新闻直播间节目《中国有我》。

"Raise your hand before you are afraid."

"在你害怕之前先举手"—— 一句看似鸡汤的话语，鼓励着 95 后女孩阿光踏上了非洲这片神奇的土地。即使害怕未来生活的不确定性，她也果敢地举起手来。

她从旅游胜地肯尼亚开始，走过莫桑比克，走进南非的约翰内斯堡。在这过程中，她了解当地的华人，了解当地的野生动物保护组织，搭建桥梁，让更多的当地华人了解及参与野生动物保护，并让世界看到中国人的行动。

从刚入职中南屋的稚嫩，到如今担任项目研发总监的成熟，她始终笑着迎接挑战。

初到中南屋

志愿者证书上赫然写着："我们证明该志愿者通过卖用铁丝网盗猎的

◎受到保护的犀牛

◎保护区内的大猩猩

动物为动物保护组织筹了款。"大概是两年之前，看着实习生阿光一脸无

辜的表情和萌萌的眼神，对着她做出来的志愿者证书，作为一个"老板"，

我的内心是崩溃的。不是"卖用铁丝网盗猎的动物"（snared animals），

而应该是"卖用盗猎的铁丝网做的动物"（animals made by snares）。

　　因为在肯尼亚的草原上，有许多盗猎者通过安装铁丝网做的圈套，盗

猎斑马、羚羊、长颈鹿，将它们的肉拿去卖钱。我们合作的动物保护组织

会经常组织志愿者，去草原上寻找和拆除这样的铁丝网。后来，动物保护

组织把收集到的大量铁丝网，做成了动物形状，再进行售卖来筹款。所以

才有"animals made by snares"，而不是"snared animals"。

我们的中国志愿者，当时帮忙一起销售这些小纪念品，为动物保护组织筹款。我们也会为这些志愿者制作证书。那会儿，商务英语专业大三的阿光在中南屋实习，做起事情来跟许多稚嫩的学生一样让人难以放心，让人很难想象她之后两年的成长。

95 后"旅孩"，《新闻直播间》上的"中国有我"

2017 年，1995 年出生的阿光成为中南屋第一个、也是唯一一个上过《新闻直播间》的成员。《新闻直播间》的屏幕上，阿光对着镜头解释肯尼亚的铁丝网盗猎问题，以及中南屋如何带动华人在非洲一起剪除铁丝网和参与野生动物保护工作，这些努力都在展现中国人在非洲的形象。

在过去非洲大量的野生动物保护活动中，你几乎看不见中国人的身影。阿光作为中南屋的一员，她希望让更多的中国人了解非洲野生动物保护、参与进去，也让非洲人、世界看到，我们中国人也有很多是热爱野生动物保护的，购买象牙、犀牛角的只是极少数违法的中国人。

如今的阿光，筹备了 2018 年在南非举办的非洲华人野保大会，第一次泛非洲性的华人野保活动。大家经常会开阿光玩笑，叫她"95 后旅孩"。湖北人的她，总是"n"和"l"不分，在录制南非的小纪录片的时候，录了好多次，因为她总是说"大家好，我叫阿光，是一个'95 后旅孩'，今年 11 月份，我来到了位于非洲最'蓝端'的'蓝非'"。

其实，今天的阿光何尝不是一个"95 后旅孩"呢？ 1995 年出生的她，已经走过了四五个非洲国家，管理着中南屋非洲、东南亚、南美洲的项目。

◎阿光带领学生在肯尼亚调研

"我惊讶于她们的成长"

"我惊讶于她们的成长，是因为是这样的她们，所以来到了非洲，还是因为来到了非洲，所以她们成了现在的样子？"

这是 2017 年一位 00 后女孩来肯尼亚拍摄纪录片《在非洲的中国 90 后女孩》时的感慨。在这片许多人以为"不安全"，甚至是"蛮荒"的非洲土地上，她见证了几位 90 后中国女孩充满青春的成长故事。而阿光，就是这部微纪录片的主人翁之一。跟纪录片作者一样，我也惊讶于阿光的成长。

今天的阿光，不要说一个简单的志愿者证书，长长的文案也都不在话下，我写的东西她都常常能挑出毛病；今天的阿光，已经褪去了曾经的害羞和稚嫩，带着学生拜访陌生的调研场所，也能和采访对象迅速建立起良

71

◎阿光与当地野保组织工作人员

好的关系，获取有用的信息；今天的阿光，总是能从容大方地跟我们的合作伙伴或者客户交流，会面完总不忘发送贴心的感谢信息，让大家都备感温暖；今天的阿光，管理项目的时候，比我还知道如何做一个成熟的项目经理，为项目精打细算，会命令我在家里吃完早饭再去酒店辅导学生，因为可以省下酒店比较贵的早餐钱；今天的阿光，拥有过人的责任感。坚决不同意学生单独住在酒店的她，会选择在酒店的沙发上陪学生过夜，哪怕凶残的蚊子叮得她一晚都睡不着。而第二天一早，她又变成了学生们的知心姐姐，为学生们跑前跑后；跟中南屋的学生在一起，阿光总是最先起床，最晚睡觉，最先询问厨房食物准备情况，最晚拿起餐具吃饭，最先确保大

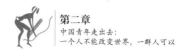

家洗澡有热水，最晚去洗澡的总是她自己。今天的阿光，做事情我放一百个心。

而中南屋的学生和实习生们，那些可能跟阿光同岁、甚至比她还年长几岁的学生们，都会佩服阿光，惊叹于"她如何能在这个年龄这么优秀"。

"她总是在害怕之前先举手"

其实，阿光不是从一开始就这样的。阿光在大学里是国际学生组织AIESEC的一员，那时候，她比我见到的时候还要稚嫩。她当时的前辈、学生社团领导鼓励阿光去竞选分会的副主席，她因为缺乏信心起初一直拒绝，然后前辈当时告诉阿光：我选你不是因为你有能力，是因为我知道你踏实、单纯，能好好地带着部门往前走。并连哄带"骗"地附送了一句"鸡汤"："人们选择你并不是因为你已经取得的成就，而是你这个人本身。"然后阿光就被"骗"上了副主席的位置，据说后面她一年的副主席生涯过得很辛苦，常常自我怀疑，常常累到虚脱。到今天，阿光还有拒绝给陌生人打电话的后遗症。然而，后来当我作为嘉宾在AIESEC全国会议上提到阿光的时候，台下很多学生都很激动，他们说知道阿光，说阿光就像"光"一样，为他人带去正能量。

你问阿光她怎么能这样一路成长，她会告诉你一句"害"她越来越"鸡汤"的话："在你害怕之前先举手。"的确，独闯非洲做"卧底"，她总是在害怕前先举手。

狮子座的阿光，其实今天依然不是很像一只狮子。她总是被大家说更像一只可爱的小猴子。而她旅行的时候，也确实总带着一只"小猴子"，一只肯尼亚黑白疣猴的公仔。她说那是她的"蓝朋友"。在这个世界上，还有一位我熟知的女性总是随身带着一只猩猩公仔。那是珍·古道尔，世界上最负盛名的野生动物保护专家和联合国环境保护英雄。26岁的她，离开了英国，来到了非洲，深入森林长期居住，研究从来没有人研究过的黑猩猩。那个时候的她，做了一件普通英国人都难以想象的事情，更不要说英国年轻女孩子。后来，她又离开了心爱的森林，在世界各地成立"根与芽"，希望影响全世界的青年人。因为她意识到，想要保护自己心爱的地球，一定需要影响他人共同行动。今天，八旬高龄的她一年有300天在路上。

今天的阿光，24岁。她说，她希望能够用自己的经历鼓励其他人，并觉得这是一件让她感到很幸福的事情。她也正在践行着，作为"阿光老师"。

◎阿光与当地村民合影

3. 始于 AIESEC　陷于黑非洲：
"非主流"女孩的迷茫与选择

◎李舒涵

◎艾子淇

　　她从来没有特别喜欢动物，却做了很多野生动物保护项目；她从来不是个"学霸"，现在却作为国际组织顾问进行了很多研究，成果还发表在英国的《卫报》上；她从来没有想过要做商业，今天却是服务中国青年走进非洲的社会企业中南屋的商业担当；她从来没有想过要去非洲，却在非洲多个国家工作了很长时间。

也许，决定子淇人生轨迹的从来不是她的选择本身，而是她对待选择的态度。她说："人应该做自己真正喜欢的事，同时也应该热爱自己正在做的事，并把它做到最好。"

从没向往三毛的她来到了非洲

和许多向往流浪生活和环游世界而来非洲的青年不同，非洲对于子淇来说，是意料之外的一站。"我是一个比较迷茫纠结的人，觉得保研、出国、工作每一条路径都很好，后来决定要出国，什么国家什么专业都行，后来在同伴的压力下，内心也挺着急的，感觉身边人都挺有目标的，所以大二时就草率地定了要去香港读社会工作专业，连留学机构都签好了。"

可能正是因为不清楚自己喜欢什么，子淇在大学的时候尝试了很多东西，包括加入了国际学生组织 AIESEC，了解外部更大的世界。后来去美国加州大学伯克利分校做交换生，感受了不一样的学习氛围。从美国回来后，她想尝试更多的东西。而刚好那个暑假，她一个在肯尼亚实习的朋友邀请她去坦桑尼亚做一个野生动物保护项目的实习生。那时候，子淇对野保毫无了解，对非洲也没有特别的情愫。

"接到那个电话，听完我就说，'好啊'。"子淇的决定在旁人看来可能有点轻率，但它的确就这么发生了。"我是社工专业，在 AIESEC 时从公益项目部的领队到人才发展部的副主席，一直对公益项目和青年教育很感

◎坦桑尼亚活动照片

兴趣。而中南屋给我的工作是我从未接触过的领域——野生动物保护。"

子淇顺利得到了父母的支持。"很多人都说父母阻力大，我这边没有，我爸觉得我去看看外面的世界挺好的。都说能够拥有自由的灵魂是件幸运的事情，更幸运的是你能拥有给你自由的父母。"

一般的中南屋实习生都是从肯尼亚总部开始工作，子淇却很另类。她直接和另一位同事一起去了坦桑尼亚，拓展中南屋"带动非洲华人了解和参与非洲野生动物保护"的项目。

初次来非洲是 2016 年，子淇并非没有害怕。听说坦桑尼亚有疟疾，她还带了验血测疟疾的针剂，打算每天自己扎手指看看自己有没有得病。但后来子淇才了解到疟疾的发生和环境有很大关系。"扎了几天，发现好像也没那么可怕，反而是扎针更可怕，就不扎了。"子淇笑。她这才意识到，自己一开始也对非洲带有刻板印象，直到真正经历了，才发现真实的生活并没有那么可怕。

开始的一个月，子淇她们在坦桑尼亚组织华人野生动物保护活动，从刚开始什么也不清楚到慢慢地上手，还成功邀请到了大使馆人员参加。那次的野保活动算是中南屋在非洲第一次和大使馆合作。"他们会因为看到你做的事情和背后付出的努力而认可你。我们在中国超市门口做抵制野生动物制品的签名活动，碰到了使馆领导的夫人和北大教授，他们觉得我们

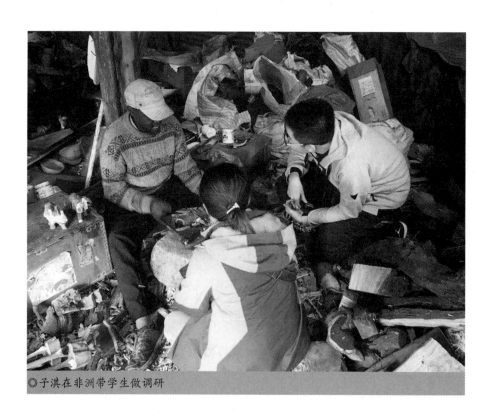

◎子淇在非洲带学生做调研

两个女孩在非洲做野保活动很不容易，也很有意义，之后便一直愿意协助我们。"

我问子淇，在那么多选择中，为什么会来中南屋呢？子淇回答道："其实我也有纠结，是应该去大公司刷简历，还是留在创业机构中南屋，当时有一个朋友跟我说，选择什么都可以，只要你好好做就行了。如果去大公司实习，对我来说是一条更理所当然的路，应该也挺开心的。但选择中南屋充满了未知和挑战，会让我觉得有点激动和心跳加速的感觉。回顾我在实习时，中南屋没有人去过坦桑尼亚做项目，对于第一次去探索和开发其他国家的项目，大家也不知道能够做成什么样。既有挑战，又有创造。这种令人激动的感觉，是我觉得很难得的。我发现中南屋是个特别有潜力的地方。你可以做很多感兴趣的课题，可以创造更多的价值，发挥更大的影响力。"

而一旦有了想法，如果一开始不把握机会，之后就会永远地错过它。于是子淇顺其自然地在毕业后继续留在中南屋工作。

"正好从肯尼亚开始，一路往南，现在，抵达了我的第四个非洲国家南非。"

在肯尼亚的调研过程中，子淇慢慢发现，调研的过程和最初的设想很不一样，自己的思想时刻准备着被颠覆。"我接触了来自很多行业的人，有的人有理想也有光，有的人一心只想赚钱。他们都是在平时很难接触到的多元的人。我们也只有在了解后，才发现一切并没有那么可怕。每个人都有自己的需求和想法，都能成为很好的朋友。"而在莫桑比克，子淇在一个陌生的城市寻找资源，最后成功走进中国路桥的工地现场，将野保的影响力从华侨商人群体扩散到了在非的中资企业。

子淇现在在中南屋负责营销和市场。一开始接到这个工作安排时，子淇没有什么经验，是比较抗拒的；另一方面，压力也很大，市场负责人需要对所运营的项目足够了解，所做的事情更是直接决定了中南屋的项目收入和品牌形象。"但如果都没有努力地做过，怎么知道不适合你呢？所以我不会去想，所做的事情是不是符合自己的发展规划，或者对自己有没有用。我相信，很多行业所需要的能力是相似的，这时，与其衡量每一个利弊得失，我选择事在人为地把每一件事做好。"子淇也确实这么做了。"第一个月基本每天晚上我都会做噩梦，梦到负责的项目没有人来参加。"但后来她发现自己也能做得很好。从一开始给家长回复信息都要停下脚步，蹲在路边一字一句地推敲斟酌，到后来得心应手，灵活应对家长突如其来的各种问题，市场开发的工作也越发顺利。

中南屋的团队氛围也激励着子淇不断成长。有一次，在肯尼亚室内攀岩时，子淇遇到一个比较难的攀岩级别，数次失败，抱着疼痛和挫败，她几乎要放弃了。"在以前我是不会尝试的，因为这真的太难了。但这时黄老板一直鼓励着我，他说要相信他，他会在下面托着我。"子淇在第四次终于成功了，她才深刻感受到，团队之间的鼓励和信任是非常重要的，而这也带来了和以往不同的喜悦感。"这不仅体现在攀岩上，在平时的工作中也是如此。有时我会想，为什么黄老板总是对我们提那么高的要求，但后来发现这是真的有助于我们的成长，因为他是如此信任你，相信你一定

◎初到中南屋的子淇，还面带稚嫩

可以做到。而这种鼓励和压力，往往会激发一个人的潜力。"子淇说。

经历非洲后，现在她的目标是世界名校

今天，子淇所做的工作，被认为供养着整个中南屋的生存与发展。尽管，1995 年出生的她才 24 岁。子淇跟我说起她的规划，她准备之后申请美国的研究生，从本科的社工转向跟现在营销工作相关的商科领域。而且，虽然之前可能目标没有那么高，现在她希望读一个能"让自己一生觉得骄傲"的学校。

随着接触到了更多的人和事情，子淇发现，一开始去香港读社工这种所谓坚定的选择，其实是一条自己最容易选择的道路，而不一定是内心真正想做的事情。当身边的同学都选择了更保守的方式，保研或者出国，子

◎肯尼亚真人 CS 体验

淇的想法却发生了转变：从一份对自己发展有用的学历，到一段真正需要和渴望的经历。

子淇对间隔年（Gap year）有着属于她自己的理解："大学毕业之后，人的一生大部分时间都是在工作。而当我们迷茫或者不那么得心应手时，选择了工作这条主线之外的副线，比如继续读书，才叫作'间隔'。"她并不认为自己在中南屋度过的时间是间隔年，相反，子淇认为她现在是在正常地工作着，只不过是在工作中发现需要更多的学习和内化时，选择了出国深造。

"肯定还是要去读书的，妈妈也在催我。但是我一直在努力想明白，去哪，读什么。"以前的子淇，觉得什么都可以，但现在的她慢慢地找到了属于自己的方向：本科的社工学习为她打下一定基础，子淇发现她目前欠缺的更多是商业运营上的知识和经验，但恰恰人们不能逃离商业去做很

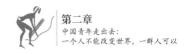

多理想化的东西，公益的影响也需要商业模式的支撑。"我准备往商科申请，因为我需要的是仰望星空也要脚踏实地。可能以后目标也会变，但是一定会想得越来越明白。"

和子淇聊天下来，有时候我会觉得她就是我身旁的一个普通女孩，但她的每一天都如此丰盛而充沛地活着。可能非洲对于大部分人还是遥远的土地，但它已成为子淇生活里的一部分。她和我说起非洲的城市，她很喜欢海。坦桑尼亚有个她很喜欢的海岛，有着白色的细沙和最美的海岸；莫桑比克是个凉爽的海边国家，她很享受沿海开车的感觉；南非经济很发达，在夜晚的道路上，能看到很多星星点点的车流闪烁。那一刻我的全部思绪，被子淇温柔的叙述牵引着，仿佛已经置身在她所处的那片土地上。

子淇从没有刻意地选择走出去，但她却走了很远，在另一片土地上追求着自己的人生价值，更帮助无数的中国青年，实现着他们的非洲梦想。

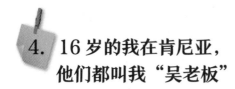

4. 16 岁的我在肯尼亚，他们都叫我"吴老板"

◎吴训朴

◎训朴在肯尼亚

我叫吴训朴，今年 16 岁，是一名来自上海的高二学生。

我的父亲以前做的是木材生意，主要经营非洲木材。除去以前听到过上百次的小叶紫檀、黄花梨等名贵木种的名字以外，我从我父亲的经历中

◎肯尼亚手工艺品

得知的最多的就是他对非洲的印象。"危险、不安定"这些标签不知不觉就被我贴上了"非洲"这面白墙。

直到一个偶然的机会，2017年的圣诞节，我来到了非洲东部，肯尼亚首都内罗毕。在这里，我撕下了我贴在这面白墙上的标签。

第一次来到肯尼亚，我做了关于本地手工艺品的调研。通过那次调研，我了解到非洲手工艺品的特点。虽然这些产品并不如工厂流水线上生产出来的那般精美和标准化，甚至看起来有些粗糙，但却有浓厚的非洲特色。

非洲人民把对自然的热爱体现在他们的艺术创作中。同时我也意识到，由于缺乏销售渠道和市场，这些手工艺人们即使在简陋的工作环境下每天工作十二个小时以上，也无法真正改善自己的生活。因此我萌生了为他们搭建一个销售平台的想法，让他们的作品能进入中国，为他们开辟更广阔的市场。

在此基础上，我制定了搭建中非公平贸易平台的实施方法和步骤。所谓公平贸易，就是让买家与卖家直接对接，在贸易过程中没有中间商赚取差价。在我搭建的公平贸易平台上，除去运营费用和成本外，我会将平台赚取到的差价返还给制作者，让他们获得尽可能多的收益。在考虑平台成本后，我选择了"微店"这一形式，一是因为运营成本低，二是微店的受众广、传播快，能为我吸引来更多的客户。就这样，中非公平贸易平台诞生了。

第二次来到内罗毕，我的目标更加明确，就是为我的公平贸易平台寻

◎肯尼亚黑木原木

◎木雕作坊调研

找合适的商品和合作对象。在内罗毕两周的时间里，我通过调研走访确定了将手工黑木雕和牛骨餐具作为第一批上线的产品。黑木雕的确定是基于国内问卷的结果，数据显示，超过一半的人都对非洲的木雕有浓厚的兴趣。

在本地木雕销售者的带领下，我去了内罗毕市郊的一个大型百人木雕加工作坊。在那里，我采访了十几个木雕工人，了解了木雕制作的全过程。作坊的条件非常简陋，人们三三两两地挤在一个个草棚中，锯木的声音震耳欲聋，即使距离很近，也很难听清对方在说什么。

在那里，我用视频记录下了一个个木雕背后的故事。我知道了年轻的

◎做木雕的工人

哥哥为了两个弟弟的学费，从十二岁就开始在作坊雕刻木雕；父亲希望为自己的儿子提供尽量好的生活，以后能不再从事木雕行业……有了这些故事，我手中的木雕也有了温度。

2018年上半年，我通过发放问卷、访谈等形式了解了国内对非洲手工艺制品的态度和喜好。在听说了我的计划后，学校的老师和同学也给我很多有用的建议。带着这些准备，我再次来到了肯尼亚。这次，我想要以"吴老板"的身份来促成商业合作。

我最终选定弗兰斯作为合作对象。他曾经有过和中国人合作的经历，但对方只是低价收入高价卖出，并没有为弗兰斯带来利益。弗兰斯已经从事木雕行业将近二十年，每天工作十小时以上，每月的收入，折合人民币不到600元。听说我的公平贸易平台的运行模式后，弗兰斯很期待："我很希望我的产品能销往中国，我想以后我能更多地雕一些中国顾客喜欢的动物形象。"

有趣的是，作为木商的儿子，在国内期间我从未了解过各种木材的特点，反而是来到非洲，我变成了一个"木材通"。当我把沉甸甸的黑木原料拿在手里，观察着它那如铅笔一般外白内黑的色彩时，才真正懂得人们对于这种木材的喜爱。黑木作为非洲本土生长的一种硬木，质地优良。和普通木材相比，黑木不易腐蚀，所做成的木雕也更坚固，更容易保存。我没有选择经过上色的黑木雕，而是选择了一种"半成品"原木黑木雕。除去最后一步的上色，我更喜欢原木黑白相间的真实色彩，而不是传统锃亮的漆黑色。

后来一个偶然的机会，我在路边看到了几副制作精美的牛骨餐具，询问了商贩后得知这些餐具来自贫民窟，决心搭建中非公平贸易平台的我，决定去贫民窟挖掘这些手工艺人的故事。

关于贫民窟，每个人都有自己的想象，我也不例外。可当我亲身进入这里，我才真正懂得贫民窟的生活是什么样的。它并不像外界的描述那样恐怖，就像我的一个采访对象，一个从小生活在贫民窟的姐姐所说："基贝拉（Kibera）对我们来说，就是一个普通的社区，和其他社区一样。这里就是我们的家。"

◎来自贫民窟的牛骨勺

　　我和贫民窟里制作牛骨餐具的组织交谈，一开始他们强烈反对我们拍摄，害怕这样会泄露他们制作的工艺从而被抢夺市场。的确，想要将制作过程拍下来并做成宣传片的，我也是第一个人。经过反复解释甚至写下保证书后，他们总算相信了我的目的确实是帮助他们，便给我介绍了很多个采访对象。我采访到了牛骨刀具的设计师，她现在通过这一职业供养着自己的家庭；我采访到了拥有一个四人团队的父亲，供养着家里的大学生……我意识到，若我真的能够成功将他们的产品引进中国，或许会有几个家庭，真的因为我的努力，生活变好了一点点。

　　现在的我已经带着在非洲收集的故事和商品回到中国，为了能让我的

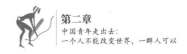

公平贸易平台长期运行，我与非洲的合作方设计好了合作方案，并且联系好了价格合理的运输公司，能够保证这个平台的长期运行。

我从未觉得搭建中非贸易平台这个想法崇高或是伟大，这就是一件双赢的事。我很享受帮助这些手工艺人把产品卖回中国的过程，这个过程非常复杂，需要反复考虑每一个环节的合理性和可操作性，在国内的时候我考虑物流、考虑成本、考虑平台的日常运营；来到了非洲我在市场上和精明的中间商斗智斗勇，拿到成本价达成合作；和不同国家、不同部落的人交流，把"中非公平贸易平台"这个概念解释了一遍又一遍。虽然艰难，但收获满满。做"第一个吃螃蟹的人"，有多少挫折，就有多少快乐。

5. 从肯尼亚到麦肯锡再到"海上钢琴家"：一个 95 后女孩的自由之旅

◎黄泓翔

我思念你，就像白雪皑皑思念着北方，夏至未至思念着海洋。

我思念你，就像夏季太阳思念着地球的芬芳，冬季月亮思念着宇宙的星光。

我思念你，思念已逝去的时光，像流水潺潺，永不复年少轻狂。

我思念你，思念非洲的热土，人生旅途的第二个故乡。

——王玉珏

"当然要趁年轻多出去走走，活得更潇洒些啊。"王玉珏与我通话的时候在厦门，正在考取她的国家海员证。考取海员证之后，她将在国际豪华游轮上工作。用她自己的话说就是"也许醒来就到了一个新的国家"。

王玉珏在上海大学读完商科本科后，原本计划立即出国读硕士，然而

王玉珏最后选择了如今国际上非常流行的"间隔年"，打算在深造之前看看世界。"为什么想要环游世界？因为很酷啊。"王玉珏会很甜美地笑，如果你在上海的文艺咖啡厅见到她，可能不会猜到她走过什么样的国家。

肯尼亚做调研：震惊与感动并行

尽管之前就去过美国、日本、韩国等国家，在2016年暑假，肯尼亚对于王玉珏来说可能是"走出去"之旅的转折。当时，王玉珏认识了一位耶鲁大学非洲专业的前辈，听他说了不少有关非洲的事情，当时就被这片

◎王玉珏在肯尼亚

◎与中南屋团队在肯尼亚

神秘的土地吸引，之后前辈向她提议："那你要不要自己去看看？""我本身也是比较爱冒险、爱尝试新鲜事物这样的性格，所以也就想要真的去尝试一下。"王玉珏回忆。

由于自己的生日是"世界艾滋病日"，用她的话"感觉是冥冥之中的肩上使命"般，王玉珏从小就对疾病健康方面有着特别的关注，同时也有亲朋好友在国内外医疗行业工作，因而对医疗卫生领域极度感兴趣的王玉珏通过中南屋平台来到肯尼亚，进行了医疗卫生课题的调研。非洲在许多国人眼中都是"极危之地"，疾病、战乱、抢劫等，然而，这是否是真相？若果真如此，那么今天中国相对发达的医疗技术与产品，能否给非洲带来

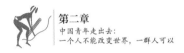
一些帮助呢？

带着这样的思考，王玉珏采访了大量的相关人士，包括肯尼亚当地政府人员、肯尼亚本土居民、在非洲进行援助的中国医生、肯尼亚各大医院医务人员、国际 NGO 人士、贫民窟居民和与肯尼亚医疗行业相关的中国企业等。王玉珏根据采访内容，写就的一篇英文文章在国际中非关系领域的平台上成功发表。

"顾虑的话肯定有，但是咨询了很多人之后，觉得可能没有想象中可怕。"王玉珏前往肯尼亚之前，对非洲确实是不了解的，但是她做了很多的功课，在网上、论坛上看很多资料，还有线下咨询去过非洲的有经验的人。在肯尼亚时，出于安全考虑，她一般安排在白天出门采访调研，晚上则整理资料、预约采访对象。她觉得，只要足够了解当地，做足准备，那么风险其实是可控的。

贫民窟之行是王玉珏印象最深刻的肯尼亚记忆。她说，从类似这样的经历中，她收获了"知足""善良""帮助"这三个关键词。她回忆，当时在马萨雷，也就是肯尼亚第二大贫民窟，有一个小学，特别小。整个学校都是在脏兮兮的环境中，一共就两个班，大一点的孩子一个班，小一点的孩子一个班。他们的教室在一个两层小楼里，那个楼看起来很破、很不结实的样子，一楼还有住人，二楼才是他们的教室。采访时，那个学校的校长跟她说，他们的条件真的太差了，就靠两个老师在硬撑着。然后指着远处一群在玩的小孩说，别看这些孩子玩得无忧无虑，马萨雷里面的孩子很多都有健康问题，再加上生活环境太差，玩的一群孩子也许哪一天就少了一个。

"然后我就看着这群在玩的孩子，我不知道是他们还太小不懂还是已经习惯麻木了，想着想着眼泪就自己掉下来了。"那是王玉珏第一次见到生活境遇与自己如此不同的人。"我特别后悔忘记把大白兔奶糖带过来分给孩子们，我从中国带了很多大白兔奶糖过来，想要分给他们，想着哪怕能带给他们一点点的甜蜜也好。不过那天是第一天到非洲，过于匆忙，竟然忘记带在身上。所以特别难过。"

麦肯锡项目：见证龙狮共舞

"肯尼亚给我留下了非洲情结，我知道我是要回来的。"王玉珏说。在肯尼亚之旅后不久，刚好国际顶级咨询公司麦肯锡在招募中国调研专员赴非洲数个国家进行调研，了解中国企业在非洲的现状、机遇与挑战。尽管还是本科生，王玉珏成功申请到了这样一份短期工作。

"他们问了很多我肯尼亚经历的问题。"王玉珏回忆。作为调研小组中年纪最小的一位成员，她看到同事们有的已经工作了不少年头，他们来自不同的学校，有清华大学、浙江大学、厦门大学、武汉大学等，但王玉珏发现，调研专员们的共通点是都有非洲的相关经历。

肯尼亚的调研项目，为她奠定了扎实的基础。最开始，王玉珏是被麦肯锡派遣到尼日利亚调研小组的。"如果说肯尼亚的难易程度还好的话，那么尼日利亚就比较困难了。"在王玉珏犹豫是否要去尼日利亚的时候，一位前辈告诉了她这句话。非洲有 54 个国家，差异性非常之大，其中有

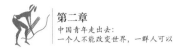
很多国家其实比较发达，也还比较安全，比如肯尼亚，但是也有些国家治安及卫生条件可能都不是很好。然而，这些都未能阻挡王玉珏对于去尼日利亚考虑良久后所下的决心。

但家人和朋友因为担心她的人身安全反对此行程，那时又恰逢过年，她考虑了很多，最终决定放弃这个机会。"家人是只在乎孩子安全的，他们不在乎我是不是要做出什么成就，所以当我把放弃这个机会的消息告诉家人的时候，他们开心地开了香槟庆祝，也是很有意思了。"王玉珏回忆时哭笑不得。

不过，就好像上帝感受到了王玉珏对非洲的渴望，虽然关上了去尼日利亚的大门，却打开了另一扇窗——南非。南非调研小组突然空出的一个名额，让王玉珏又获得了被派遣南非的机会，"我太喜欢南非了！"王玉珏提到南非时语气里充满了喜悦。那是 2017 年的二三月份。"不得不说南非的总体情况确实会好很多，我们晚上是会出门的，当然还是要注意安全。不过我发现，在南非的华人其实生活圈比较固定，因为过去发生过的安全事故太多，所以他们会小心挑选去的场所，为了长期的安全这样确实是必要的。不过对于第一次来到南非的我和同事们来说，一切都充满了新鲜感，于是会到处探险。有一次我们去参加约翰内斯堡市中心中央商务区每周一次的美食集市，那个集市其实是特别热闹的，人很多，他们来自各个国家，但是却完全看不到中国人，所以当时我们走到哪里都会被盯着看，也是蛮有意思的。"

王玉珏说，肯尼亚学到的调研技巧在南非又得到了更好的磨炼，让她

◎约翰内斯堡的蓝花楹

的调研工作很顺利，南非之旅让她结交了很多至今仍然联系的朋友，她对非洲的热爱更深了。而她的名字，也被镌刻在麦肯锡的《龙狮共舞：中非经济合作现状如何，未来又将如何发展》报告之中。

"海上钢琴家"？希望变成更好的自己，再走进校园

"发现自己还蛮享受这种走出去长见识的感觉。之后还是会继续读书，想读国际关系，但现在，我打算停下来，以工作的身份走出去，看看世界，长长本事。然后以更好的状态回到校园，迎接更好的未来。"2016年下旬，

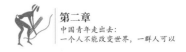

本来计划申请学校的王玉珏决定要间隔年。

凭借着她的非洲历练、麦肯锡工作履历等，王玉珏其实已经可以申请到很好的学校——包括她的梦想学校，哥伦比亚大学和耶鲁大学。这并不是一时冲动，更不是放弃学习。相反，见到了更大的世界，见到了许多有趣的人之后，王玉珏意识到了，其实，积累更多的社会经验再回到校园，可能才能够更充分地运用好校园里的资源，将校园里的光阴价值最大化。

"告诉父母的时候，父母最开始都是很反对的。"王玉珏还记得自己告诉父母时的暴风雨。然而，她并不是在自己还没想清楚的情况下就跟父母沟通的。"很多人有着间隔年的想法，家人反对或是其他原因，最后没有实施的，很大一部分原因可能是并没有具体安排好间隔年里到底干什么。去哪儿、做什么、怎么做、做多久、计划的可行性、能收获什么等，这些都是要仔细考虑清楚的。"王玉珏从大三开始有间隔年的想法时，就一直在思考留意一些海内外项目，当选定项目时，再具体了解，进行明确的规划。当和家人沟通时，王玉珏会很有底气地拿出自己详细的间隔年规划，而不是直接和家人说："我暂时不读书了，我想间隔年。""家人最后同意了我的计划。"王玉珏笑。

"千挑万选，最后我选择了一份在我看来与众不同的工作。"王玉珏讲道，"我喜欢切换不同的身份以保持生活的新鲜与热情。这一次我选择了一份具有特殊工作地点和形式的工作——海上拍卖官。这是一家美国公司。"于是，2017年的盛夏过后，王玉珏到香港参加公司在亚洲区的培训，现在又来到厦门培训，之后会再去美国迈阿密培训，很快便会在游轮上开

99

启不同的生活模式。就像她很喜欢的一部电影《海上钢琴家》里蒂姆·罗斯饰演的 1900 那样，在豪华游轮上工作。"但我绝对会下船的啦。"王玉珏笑着说"我选择游轮工作很大一部分还因为这份工作可以带我环游世界，到处走走，也许醒来就会处于一个新的国家。同时在邮轮上也会认识来自世界各地的人，我相信这份工作会让我学到很多，所以还是蛮期待的。"

当问到王玉珏硕士读完后计划做什么工作时，她这样回答："想法目前是有的。但是未来充满了变数，我不敢再说'我以后一定要怎样怎样'这种话，因为随着我见识的变化想法也会改变。就好像我大一大二时候想要去四大（普华永道、毕马威、安永、德勤）或者市场营销行业工作，有这些想法是因为那个时候思想被限制在这些类别工作的框架里，见识还是比较局限的。但随着成长，我慢慢发现，原来这个世界有这么多别的选择。很多东西需要亲自尝试才会知道自己到底喜不喜欢，大学里我也在探索自己到底想做什么，做过不少不同行业的实习，那么多出去走走的话，我就会越来越知道自己喜欢什么、不喜欢什么。不同时期看《哈姆雷特》都会有不同的感悟，我对于未来的想法也是一样。"

"成长这两个字看起来简单，却是自己走过才能体会到的。"她回忆起非洲熬夜调研的日子，十分感慨。"去非洲是否后悔？当然不后悔啊，现在妥妥的是非洲小迷妹一枚，我的大学室友们还给我取了个外号，叫'非洲之花'，哈哈。甚至现在遇到去过非洲的人，都会首先对他好感度倍增呢，哈哈。"王玉珏的笑还是那么阳光。

6. 浩伦：17 岁在肯尼亚第一次摸象牙，我竟然摸到了温温的感觉

◎阿　光

　　浩伦第一次摸到长在大象身上的象牙，是在肯尼亚察沃国家公园的大卫·歇尔德大象野化中心。这里的大象孤儿来自肯尼亚各地。它们有的因

◎浩伦抚摸大象

干旱被困在干涸的水源地，有的因盗猎而失去亲人。被发现后，它们会被救援人员先送往位于内罗毕的小象孤儿院救治，当它们被治愈且情况稳定后，就会被送往一百多英里外的察沃国家公园。它们在这里逐渐适应野外的生活，最终回到大自然。

"我之前在国内的象牙饰品店里见过象牙，但在肯尼亚摸到象牙的那一刻，我想象牙还是长在大象身上好。如果它被割下来，即使磨得再光滑，也永远没有那种温暖的感觉了。"回忆起半年前的肯尼亚野保调研经历，浩伦说这是他印象最深刻的瞬间。

浩伦小时候看了很多关于自然、地理的书。在《动物世界》的陪伴下长大的他，是同龄小伙伴口中的"好奇宝宝"。所以当浩伦高中快毕业，偶然发现一个去非洲的机会时，他并不害怕或拒绝，而是兴奋地跟爸爸说："好有趣，我想去看看！"浩伦的爸爸是一名警察，希望孩子可以出去锻炼锻炼，但同时也对非洲这样一片土地怀着深深的忧虑。思虑良久后，他决定尊重孩子的选择，把17岁的浩伦送上了前往肯尼亚的飞机。

第一次踏上肯尼亚的土地，浩伦对这个国家的自然和人文充满好奇。在中南屋导师和当地野保组织专家的带领下，我们一起前往自然保护区剪除困住动物的铁丝网，学习如何根据动物骨骼和足迹分辨不同的动物；在草原上观察小小的蚁狮，也追踪大大的长颈鹿；和一线护林员一起反盗猎巡逻；在社区向妇女学习传统手工技艺，把剑麻编织成篮子；坐在野生动物保护组织的办公室里，听他们讲他们正在为野生动物保护做出的努力；走进当地中学，和环保社团的同学们分享彼此的故事……

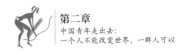
我们在草原上露营，满天繁星下，狮子在不远处发出低沉的吼声；我们追逐猎豹的足迹，停下车等待象群徐徐走过眼前的黄泥路；我们爬上山顶，看眼前的如血残阳渐渐消失在茫茫草原。在这里，人类仿佛和大自然融为了一体，而人类只是其中渺小的个体。不仅震惊于大自然的壮美和野生动物的灵动，浩伦更在这段旅程中发现了人与自然的问题。

浩伦回忆起来："内罗毕有一条路叫 Southern Bypass，它穿过内罗毕国家公园，把国家公园分成两半。我们穿行其中的时候，我问老师说动物能穿过马路吗？老师说穿不过去，右边那一片草原其实已经废了。我发现即使这边植被这么多，还是出现了草原需要为城市让路的情况。"

2017 年 6 月开通的蒙内铁路穿过察沃国家公园，也穿过了大象等野生动物的迁徙路线。随着人类生活区与动物活动区域的不断重叠，人兽冲突频频发生；随着少数人对非法野生动物制品的需求，保护区里盗猎现象愈发猖狂。当自然和人类出现矛盾时，我们该如何与自然和谐共处？

在肯尼亚，浩伦遇到了一家野生动物保护组织，他们会运用 GPS 项圈对动物进行定位，从而起到保护动物的作用。对环境科学有浓厚兴趣的浩伦一下被吸引住了，想深入了解一下这个非洲的"野保黑科技"。如果它真的可以用于反盗猎、动物行为研究以及缓解人兽冲突，这无疑是动物保护的福音，会带来人与动物和谐的新平衡。在随后的时间里，我们一起拜访肯尼亚各大野保组织，如拯救大象组织（STE）、动物福利网络（ANAW）、国际爱护动物基金会（IFAW）、长颈鹿保护基金会（GCF），向他们详细了解 GPS 项圈在野保领域的使用现状。尽管 GPS 项圈给野保工作带来了极

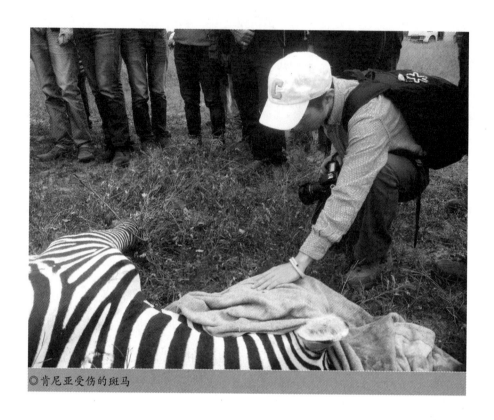

◎肯尼亚受伤的斑马

大的便利，我们了解到很多需要GPS项圈的野保组织却因其高价望而却步。
内罗毕大学出身的工程师麦克说："GPS项圈很棒，但我们几乎不会考虑
用它们，因为GPS项圈的价格不是一般的高，单个项圈所花费的费用就高
达几千美金，很少有组织能负担得起这样高昂的花费。"究竟是什么原因
让其貌不扬的项圈如此昂贵？

我们辗转联系到了东非最大的GPS项圈制造厂商——草原追踪
（Savannah Tracking）的创始人亨里克，并有幸进入他们位于肯尼亚内罗
毕的实验室，和他的首席工程师一起学习项圈的内部构造和探讨可能的成

本削减方案。我们发现，和普通 GPS 设备不同的是，GPS 项圈电池本身的续航时间要够长，因为工作人员不可能经常给动物换电池。项圈本身的质量也一定要够高，在野生环境下，碰撞、浸水、沙尘影响，都是需要考虑的基本因素。另外，我们了解到，亨里克的公司提供项圈时基本都不是单独提供项圈，通常会附带人工测试并安装项圈以及使用过程中的维修服务等。工程师说："单独的项圈价格其实不是很高。但你必须要知道如何追踪这些动物，如何让它们不在安装过程中受到伤害，如何把这些项圈固定在它们身上。而且，安装项圈需要前期测试，安装过程中需要交通工具如直升机，需要麻醉药，需要安排人员如兽医照顾被麻醉的动物，等等。这些价格都不菲。"

尽管如此，项圈给野保工作带来的价值还是远超过了它的价格，越来越多的野保组织开始使用 GPS 项圈。我们预计，当这个产品被更加广泛地运用时，产品本身的价格也会慢慢降低。

对于浩伦来说，最让他开心的，莫过于可以亲身接触并见证这些给人和自然带来新和谐的科技。他想起曾经摸到象牙时温温的感觉，象牙的温热仿佛通过手掌传到了心里。这一段非洲调研经历也让他坚定了攻读生物学的专业发展方向。

回到国内后，浩伦继续了学习之旅。不久前他兴奋地告诉我们，他被波士顿大学的生物专业录取了。从小对自然的好奇，赴非洲调研的勇敢，让浩伦在生物科学的道路上越走越远、越走越宽。他说："我现在应该是我所知道的我们学校唯一一个学生物的吧，毕业以后想去研究所工作，为这个世界的气候变化问题贡献力量。"

"来了非洲第一次，还想来第二次！"浩伦说，"这段非洲之旅帮我明确了人生未来的发展方向，也让我知道世界的这一部分是什么样子。"

总有一些坐在教室里学不到的知识，总有一些行走在城市里看不到的风景。浩伦回首这段逐渐坚定人生方向的旅程，希望自己能永远对未知保持一份新奇感，有机会去探索更多在大城市里闻所未闻的事物。

7. 来非洲后我发现，曾经的我根本不会做调研

◎康 野

"现在田野调查有被滥用的趋势，很多人把田野调查当成寄托小清新情怀的说辞——我脱离了都市生活，深入到自然，看看动物大迁徙，拍一个当地小孩子很呆滞的面孔，然后说，我的心灵得到了洗涤，灵魂得到了升华。然而，这不是真的调研。"

——前言

说这话的成律当时大四，在上海外国语大学读国际政治专业。2018 年 9 月，他前往加州大学圣地亚哥分校读政治学硕士。成律说他现在越来越清楚自己的方向了——相比于其他以职业为导向的选项，他想走一条更加纯粹的学术道路。

成律觉得，如果要把社会科学当作一个长期的事情来做，就需要建构思维体系和方法论。"中国人普遍来说数学非常好，但是目前我们的社会

◎成律参加国际会议

科学研究整体还是偏向讲故事的方式，定量方法论的缺失是很致命的。"

结识中南屋：调研的机会来了

在上外"世界政治与经济专题"课堂上，成律第一次接触到蒙内铁路。蒙内铁路是由中国在肯尼亚承建的一条铁路线，东起肯尼亚东部港口蒙巴萨，西至首都内罗毕。这是肯尼亚 1964 年独立以来的第一条新铁路，用肯尼亚总统肯雅塔的话说，蒙内铁路为肯尼亚的工业化打下了基础。

蒙内铁路打开了新世界的大门。成律有一个曾在黎巴嫩和肯尼亚做过华人海外形象调研的学姐。受到学姐的启发，成律想身体力行，走出去看看。当时，成律在中国联合国协会实习。这个机构的同事主要是一些退休的外交官，还有一些要从二线转到一线的现任外交官，这些同事推荐了

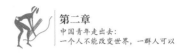

中南屋。暑假，成律踏上了肯尼亚的土地。

没有深度访谈，调查数据只是一堆没有生命力的数字

成律在中南屋的研究课题是肯尼亚人对待华人的态度。除了问卷设计，成律有机会在马萨雷贫民窟深度采访当地的居民。成律在这些深度访谈中发现了很多细节性的信息。比如，那些在肯尼亚当地有影响力、文化程度较高、生活环境较好的居民的确能切实感觉到中国给他们带来的变化。

这些在一线的采访让那些书本上出现的概念丰满起来——数字背后是一群活生生的、有血有肉的人。如果只看数字，我们会读到 GDP，会读到贫困线指数、基尼系数。但是深度访谈会让我们知道人的情感和态度。

成律后来发现，不论是了解真实全面的数据，还是建立彼此理解尊重的社群，深度沟通都不可或缺。当然，语言也是其中的障碍。比如，肯尼亚的底层百姓不会说英语，只会说斯瓦希里语。然而，直到 2018 年，上外才在全国范围内开了斯瓦希里语专业。之前中国派到肯尼亚的大部分外交官不会讲斯瓦希里语，他们只能用英语和那些会讲英语的人打交道。

当计划赶不上变化，随机应变是调研必备技能

有一次，成律和几个小伙伴在内罗毕最大的医院发放问卷，他们本来是去见一个修女。一般传道人的人脉很广，有了修女的帮忙，他们就可以把教会的人集中起来。然后他们再用宗教的语言修饰一下问卷问题，就会有很多人愿意帮忙填写问卷。比如"国家之间应该讲究平等"这样的表达，

◎ 成律在肯尼亚调研

翻译成《圣经》里的话就是："将刀打成犁头，把枪打成镰刀，这国不再攻打那国。"成律觉得这样接地气的问卷设计很有趣。

但是发问卷的当天，成律他们没有找到修女。在大厅等待的时候，有几个警察急匆匆地向他们走来，他们的制服闪亮，眼睛里全是问号。警察神情肃穆地问他们站在那里干什么。成律当时有点蒙，他反反复复讲："我不是恐怖分子，我是一位来自中国的学生。肯尼亚的总统非常认可中国，我们是朋友。"而这几位警察还是对成律说："你跟我们去警察局，别害怕，我们是警察。"

后来成律才知道，他们拜访的这家医院是当地负责卫生方面的公共部门，里面不单单只是医院，还有其他国家机关，整栋楼是合署办公。前几年这里发生过恐怖袭击事件，所以警察非常敏感。

在国内从没进过"小黑屋"的成律，在内罗毕的警察局解释了他们一

行人来到肯尼亚的缘由。成律刚刚简单开了个头，警察叔叔就大手一挥，说他理解了成律他们到访的意图，然后就放他们走了。

这个有惊无险的经历给成律带来了启发。调研并不一定会按照我们的计划发生。我们需要了解当地的法律法规，需要了解出现问题之后如何应对。成律觉得这次运气算非常好了，肯尼亚是对中国非常友好的国家，如果这个情况发生在不是那么友好的国家呢？我们要怎么办呢？我们需要知道中国领事馆的电话、代办机构的号码。下次遇到类似的情况，我应该跟对方这么说：我是中国公民，如果你有任何问题，你可以联系中国大使馆，中国知道我在境外做什么。

"其实很多道理大家都懂，但是这些道理如果不去实践，就只是安全手册上的知识。我自己出国那么多次，每次办签证的时候，大屏幕上都会放如果出了什么问题，应该联系谁，联系电话是多少。但是每次我都在玩手机。"

来中南屋参加调研已经是几年前的事了，现在的成律越发沉淀下来。中南屋的调研经历带给他的不仅是申请到名校这个结果，更多的是一种看待世界、理解世界的视角。

8. 从肯尼亚调研到埃塞俄比亚工作：透过非洲，我看到了更大的世界

◎李慧珍

煮一杯咖啡，坐在窗前的书桌边上，窗外天空如一幅醇蓝色幕布画，下方星散点缀着几处屋顶的卫星锅。再远处是几栋烂尾楼和在建的体育馆，吊塔横亘仿佛在说："你看，我们可是在不停歇奔跑呢！"大概这时才能回过神来，我已经重新回到了非洲。这一次，是埃塞俄比亚。

◎埃塞俄比亚的孩子

第一次去非洲很是机缘巧合，没有任何预谋与规划。当时我还在武汉大学经济与管理学院念书，脑袋中装的更多的是论文和实习的事情。一天在宿舍楼下看到"走进非洲"的小海报，是真的小，不过 A2 纸大小，低调而不显眼。而恰是"非洲"这两个字，如那片大陆一样，太过神秘，也自然充满诱惑力，于是参加了这个由中南屋举办的分享会。接下来，似乎冲动而又顺理成章，咨询招聘计划、递实习申请、笔试、面试、办签证、买机票，前后不到半个月便已置身在肯尼亚了。而正是这个不经意的决定，改变了我之后的许多选择。

在中南屋实习的两个月，算得上是我人生中最特别的一段经历。我负责的是商业调研，在工作的过程中，我看到了大量国内企业想要进入非洲市场却囿于相对闭塞的信息而不知如何着手。这些企业中有大型国企，也有私人小企业，他们大多试图以佣金这种最初级的国际贸易方式寻找在非洲的代理，却不曾真正了解这个市场。当然，我也看到不少已在非洲生根发芽的中资企业，他们一方面享受着这个市场带来的收益，另一方面也困于劳工关系、税务、本土化等问题而磕磕绊绊。通过这些观察，我得以窥得不同于欧美发达市场的中资企业国际化路程。而这种体验式的学习也让我觉得很有意思，这些是我在大学商科课堂里所无法接触到的内容。

中南屋是个初创型的社会企业，这种小型扁平的组织结构需要我们在不同工作上的融合，也正是这种融合让我接触到了与自己以往领域全然不同的知识面。在一次野保项目的田野调查中，我了解到当地这样一支巡逻队。他们每天白天会在动物栖息的森林中徒步10公里追踪盗猎者，晚上则会轮流在森林相对高处的一个石山上值班，通过灯光判断是否有盗猎者的入侵。其中一个巡逻员质问我，"为什么中国人这么喜欢买象牙？"我很不愿意承认，可交易数字和中国风格的象牙工艺品告诉我这就是事实呀。于是我只能羞愧地回答："可能是用来装饰或收藏吧，对他们来说是种符号价值。但也有不少中国人在不懈改变这种糟糕的情况，努力让在非洲的华人参与到野保中来。"接着我还跟他讲了中国路桥营救不小心掉进工地坑里的狮子的故事。那一刻，我以为保护大象最迫切的是减少需求与供应，

◎大象迁徙

如肯尼亚总统在焚烧105吨象牙时所说，"象牙只有在大象身上，才有价值"。

而随着调研的推进，我却发现了以前忽视的另一个重要议题——人与野生动物之间的冲突。肯尼亚的卡诗噶村是每年大象迁徙的必经之地，而迁徙时总会踩坏当地村民赖以生存的玉米地。当地的一个村民绞尽脑汁也无法解决这个问题，他先是在玉米地周围挖了沟渠，可聪明的大象可以毫不费力地填平沟渠，修建的荆棘篱笆也毫无抵抗之力。为此，他只好拿着手电筒睡在玉米地里，在大象到来时打开灯光吓跑大象。这种冲突并不鲜见，狮群猎食部落的牛羊、破坏农田、建筑等，导致居民反过来杀害这些

◎肯尼亚，马赛马拉大草原一景

动物。那么如何建立一个人和野生动物互不侵扰的生态，对于野保来说，重要性毫不亚于反盗猎工作。

在肯尼亚的两个月里，我近乎每天都沉浸在新鲜的知识中。这些知识不局限于中非商业关系或是野保，发散而有趣。我们会就一次被索贿的经历而开展讨论会，也更深刻了解了中国在非洲腐败问题中扮演的角色；我们会去做中美劳工关系的对比研究，检验西方媒体对中国在非劳工关系的描述是否客观；和我们的访问学者交流能看到非洲当地人是如何用巫术来解释封闭的中国社群给非洲带来的基建的快速发展；我参加过在酒吧举办的风险投资论坛，当地的大学生们在讲台上侃侃而谈他们的创新产品，展

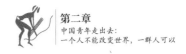

现出这个国家的勃勃生机与活力；甚至听黄泓翔老师在马赛市场上跟我讲这个东西是骆驼骨头做的，那个东西是大象的尾巴毛，我都兴致盎然。

在得知我要重新回非洲工作时，中南屋的前同事赞得尔满是兴趣地问我为什么。我说，那儿的一切都太有趣了，我享受每一次有意义的讨论，享受每一次对这个世界鸡毛蒜皮的新知识的探索和发现。

而且，肯尼亚实在太美了。奔腾的角马、优雅的长颈鹿、成群的斑马、乞力马扎罗的雪和山脚掩映的象群，都让我感叹这个国家粗犷的野性美。而撩人的月色下平静的印度洋海滩和上面爬满的小螃蟹又会让人沉醉于它的温柔。

也是在肯尼亚，我认识了许多在国内不太可能认识的背景迥异的人，他们给我提供了另一种看待世界和自我规划的思路。他们中有放弃保研来到非洲，先后辗转于肯尼亚、乌干达、坦桑尼亚、纳米比亚、南非甚至刚果等国家做野保、教育、研究的90后姑娘；有国际顶尖咨询公司来WWF非洲总部工作，时常细写对非洲的观察与思考，而之后辞职为香港创业公司开拓非洲市场的香港小哥；有在世界多个国家做过发展咨询，对战后重建充满兴趣，总能给我们讲她在巴基斯坦、约旦等国家的思考或趣事的小姐姐；也有从名校毕业在非洲做中非研究，说目标是写出像黛博拉·布罗蒂加姆的《龙的礼物：中国在非洲的真实故事》那样的中非关系经典之作的美国小哥……同他们的交流总能不断地拓宽我的视野，更新我对世界的理解，从中汲取能量。他们在很长的一段时间内都是激励我重新回到非洲去探索的力量。

毕业后，我毅然选择了来非洲工作，而且是一家在埃塞俄比亚的中国企业。我始终担心因为无法获得深层、真实的信息而对中非商业关系的观察过于浅薄和隔靴搔痒，因而更期望从一个内在的视角去重新审视自己对中资企业在非发展的理解。我所在的公司是在国际化道路上尝试较多且相对成功的中国企业，而最早开发的国际市场便是非洲，如今已在非洲多个国家有自己的业务。这不仅让我能真实地体验到中资企业在埃塞俄比亚的实践，也能让我了解到中资企业在不同非洲国家的投资环境、商业行动等的差异，从而还原一个更为真实、立体、多元的中资企业与具体非洲国家之间的互动，而不再是对中非商业关系进行笼统地以偏概全。

这种真实的浸入更有洞见性。如果说以前通过调研我看到了在非中资企业静态画的一角，而身处其中的工作却让我看到了中资企业如何在非洲不断试错、调整并得以发展的动态过程。不同于初入非洲的企业在面对陌生环境时的不知所措和频频犯错，扎根非洲多年的一些企业则凭借经验不断优化签约模式、合同条款，总结出合适的商业模式以应对税务、法律及双方交易中的潜在机会主义等风险。如今这些企业真正的痛点或许已变成如何在外汇短缺、本地币贬值、高欠严重等情况下为非洲客户获取融资以推动项目和业务发展。

这种紧密的日常接触也使我能更直观地体验到中国社群同非洲当地的互动。在肯尼亚时我曾觉得语言是沟通及融入最重要的因素。大部分中国人由于语言原因且在表达上缺乏西方人对"政治正确"的敏感性，在非洲往往相对封闭且容易引起误会，甚至发酵出劳工关系等各种矛盾。然而，

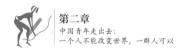

当我发现身边一些朋友操着并不流畅的英语同本地人谈笑风生及偶然撞见一位中方员工对本地员工破口大骂随即转身离去的场面时，却意识到开放的心态和"尊重"这种最朴素的原则比语言重要得多。

不同于很多中非关系领域的前辈，我并不是一名专业的研究者，而只是单纯地享受着对这片大陆的发掘。无论是中非关系还是非洲风土，任何新的发现对我来说都是惊喜，就如同专业研究论文和《孤独星球》同样有趣一样。朋友说你这篇文章有点散，是不是聚焦于商业调研会是一个更好的故事？本想写得更聚焦一些，可发现若缺了那些在肯尼亚"偏离主线"的经历，我或许也不会对非洲如此"中毒"，毕业后执着于回来了。当然，这些"偏离主线"如今也在发挥着作用。我开始积极影响身边的同事和朋友关注野保等话题，并相信每一次微小的影响都有意义。

现在更期待每天在埃塞俄比亚所经历的画面能逐渐拼成一张生动的全景图，用亲历和时间打磨出真正的理解。我也抱怨过埃塞俄比亚好像没有其他非洲国家漂亮，空气中也总是飘着浓浓的汽车尾气的味道。可是它飘香的玛奇朵、彩色的果汁、清甜的蜂蜜酒、欢快的舞步、相对清廉的政府、古老的教堂墙边上教徒洁白的头巾和他们虔诚的忏悔或祈祷让空气中扬起的尘土也变得可爱起来。

9. 闯非洲、搞创业、做学术……
这个高中生，站在了共享经济的风口

◎吴雨浓

飞机落地肯尼亚首都内罗毕，还未满 18 岁的潘锦豪结束了漫长的独自飞行。

早早等候在机场的中南屋导师阿光，接到锦豪放下行李后，带他去了内罗毕一家著名的印度餐厅吃饭。饭桌上，阿光终于压抑不住自己的好奇。

"锦豪，你很特别，很多同学在来非洲之前，他们和他们的父母都会问我们很多关于非洲当地的安全、生活、经济、治安等各种问题，但是你和你的爸爸妈妈却非常放心，都没有怎么问我们问题。你真的不怕来非洲吗？为什么都没有问我们这些问题呢？"

"我已经看到我身边的人来过非洲了，比如你们还有我的老师，我相信他们可以的话，我一定也可以，所以就不用再问什么了。"锦豪回答。

回忆起这件事，阿光印象深刻，"当时就觉得这个孩子想事情很清楚，非常棒"。

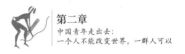

新疆人不是都骑马上学

美国商人在东南亚做的也不是慈善

离开成长的新疆时，锦豪还在上小学。他随父母回到老家浙江继续读书，却发现这里的孩子们对新疆的印象如此陌生，他们会问："新疆人是不是都骑马出行？""他们是不是都很野蛮？"

在新疆安稳成长起来的他，第一次发现人的认知偏见是如此严重，"他们会选择性忽略，然后只看得到极端的现象"。这让他很早就有机会明白，人自己的偏见，往往局限了自己。

因为父母与中亚国家做外贸生意，有很多来自中亚的客户，"他们给我带当地的民俗风情的小东西，讲当地的市场是怎么样，小孩成年后做什么事情……"初中毕业那年，他和父母一起到乌兹别克斯坦，在当地朋友的带领下还有幸参加了当地人的婚礼。

◎在乌兹别克斯坦旅行，领略中亚的壮美

"他们不会说英语，我又不懂俄语和当地语言。"锦豪笑说，但就是这样，谁也听不懂谁，他硬是被拉到人群中央跳舞，热情的当地人手把手教他基本动作，"所有人带着我跳，围在一起，非常有趣"。这件事让他至今印象深刻，甚至写进了美国大学的申请文书。

后来，父母在非洲的苏丹、乍得开工厂，长期在外的舅舅也会讲起非洲的情况，"他说的和国内的刻板印象还蛮一致的，觉得非洲工人散漫，前一天还在，后一天可能就跑了……"这是锦豪第一次从雇主、商业的角度看非洲，"舅舅在非洲也是在中国人圈子里，也许非洲被妖魔化了。"

锦豪喜欢走走看看，而所见的偏见亦是普遍。高二暑假，他有机会到耶鲁大学参加一个"全球青年学者训练营"项目，在耶鲁的博士生带领下进行学术课题研究。与来自全球不同国家地区的三十几个同学的初见，就让锦豪有些"跌眼镜"。

"部分美国学生对非洲、中国等发展中国家的看法，真的就是从来没有体会过处在发展中国家的人的感受，就是资本主义的气息在里面。"锦豪回忆，在大家一起讨论的时候，一个美国学生认为，美国的企业把工厂开到东南亚，是牺牲了美国本地的经济造福东南亚当地。

"一个印度同学听了感到很奇怪，我也一样。"锦豪有些无可奈何，"这些人自己身处优越的环境而不完全理解，东南亚的工人们过着怎样的生活，完全不知道这些美国企业如果不去东南亚建工厂，就要赔死。"

在最后的学术研究中，刚从非洲调研归来的锦豪提出了"中国在非投资与贷款对非洲的影响"的课题方向。两周的时间里，小组完成了一份数

◎耶鲁大学全球青年学者训练营合影

据、文献支撑都十分充实的学术研究，梳理了中国在非洲投资的内在逻辑、状况和发展。

由耶鲁博士生担任的项目导师，给了他们很高的评价。"同组的两个美国同学，也看到了西方妖魔化报道背后的中国和非洲，还是蛮有趣的。"

而对于改变偏见，锦豪坦言："短时间的一个事情，可能改变不了长久以来的根深蒂固的东西。"不过始终走在路上，总归是好的。

从创业到非洲

挖掘世界最后"蓝海"的共享经济故事

刚到杭州外国语学校读高中的时候，锦豪在杭州这个"新型智慧城市"，正赶上共享经济掀起的新风潮——滴滴打车刚起步，各种商业大戏轮番上演，受父母的影响，对商业和经济感兴趣的锦豪也想要试水一波"共享"。

他和两个学长创建了一个名叫 Foci 的共享信息平台，帮助准备出国留学的学生对接更多社团、课外活动，解决信息不对称的问题。平台风风火火建了起来，却因找不到可持续运营的模式而陷入困境。

后来，他又联系到一位来自自己的理想学校克莱蒙特·麦肯纳学院的副教授，围绕着"共享出行到底是不是'创造性毁灭？'"的话题，第一次尝试去写一篇研究论文。

这一做就是半年多，但初出茅庐的锦豪从学术文章格式到研究方法、各种细节都感到吃力。

"虽然这两件事投入都很大，结果也没那么满意，但我知道这有意义。"锦豪认识到，自己还存在除了职业化的商业道路之外更多可能——比如深入的研究和观察这种新经济形态。

而到非洲做调研，恰恰是一个新的开始。

"这是时代的一个趋势，很多国家希望通过这个模式提高经济效益。中国的共享经济发展有很多意外转向，我更想知道在其他地方是什么样子的。"

"在确定共享经济课题后，我让他在国内先做一些调研，再过来就有

一些对比。"阿光回忆，"他是真正做了功课、做好了充足准备来非洲——很多孩子你在他来之前跟他说在国内做一些研究，就只是应付一下，不会真的去做。"

"我们运气太好了！"说起非洲的调研锦豪语调明显高了起来，"刚刚下飞机！黄老师打优步（Uber）带我去住的地方，我们就从司机口中得知，他们第二天有个大罢工！"

第二天，黄老师带锦豪直奔罢工现场。当天是 2018 年 7 月 2 日，内罗毕优步、Taxify 等共享出行公司旗下超过 3000 名网约车司机停止接单——

◎肯尼亚司机大罢工现场

◎在肯尼亚共享出行公司 Taxify 调研

这对于公共交通并不发达的内罗毕来说，无疑是个大麻烦。在罢工现场，锦豪目睹了司机罢工前的集结，采访了工会主席和现场参与罢工的司机们。

"结束之后黄老师突然说，'欸，我们可能是唯有的几个见到这场罢工的中国人，不如写篇新闻稿！'然后我回去快马加鞭赶出来一篇文章。"不久，文章便发表在《21 世纪经济报道》上。

为了能接触到更多一线的共享出行参与者，他"沉浸"在打车聊天的"事业"中。

"每天为了坐车而坐车，不过内罗毕真的太堵了！也算见识了东非一

线城市的拥堵，我甚至回来建议学建模的同学去想办法优化一下那边的交通。"他打趣道，"不过堵车有利于我采访，所以还是堵得很开心。"

经过坚持不懈的努力，锦豪最后采访了将近 20 个司机。"没想到的是司机们都非常好，几乎知无不言，也很愿意告诉我特别私人的问题，比如他开车赚钱是为了养家，家人的情况是怎样的。"

他还对肯尼亚不同阶层的民众进行了随机访谈，得知在过去，叫车又贵还可能要等上半小时，而现在叫车价格便宜了一半，等车时间也缩短了。

此外，阿光又带锦豪采访了优步的当地办公室，以及其他许多著名共享经济平台，包括肯尼亚最大的线上众筹公司 M-Change、人力信息共享型公司 Lynk，等等。

对 Lynk 的创始人兼 CEO 的采访，让锦豪印象很深。这家社会企业，

◎在肯尼亚 Uber 办公室外

致力于帮助肯尼亚非正式劳工对接工作机会。

"他们非常有意思，我们聊了整整一个下午，虽然我研究的是共享出行，但我不想浪费这段很好的故事，于是我又写了一篇关于 Lynk 的文章。"

阿光对锦豪的效率和认真程度都印象深刻，"每一个调研对象，他都会认真地去准备访谈的提纲，而且真的可以做到像黄老师要求的那样，问对方一个小时都不会停，不太需要我们去逼着他想、帮他去提问。"

要知道，黄老师的"魔鬼"要求是学生们的噩梦，而锦豪似乎乐在其中。"我是属于比较有想法的，灵感一来就停不下来。"锦豪笑说。

每天，他回到住处就立刻开始整理采访资料，甚至当天就把稿子写出来。有些心急的他常常是熬夜写完一稿，第二天采访发现了新的东西，回去便开始重写，"虽然在内罗毕每天都熬夜，可熬得还挺舒服的！"

在"不对称"的世界里，做点什么

离开非洲之前，锦豪基本完成了两篇中文、一篇英文调研文章，远远超过了同龄的学生。然而非洲留给他的，却不仅仅如此。

"两个礼拜过得好快，我太享受在内罗毕的时间——每天学很多东西，每天不断在用学到的东西。"锦豪说，"黄老师要我随时准备好各种问题去问别人，我以前要坐车肯定不会主动和司机搭讪，现在却可以更自如地应对各种情况。"

除了共享经济之外，锦豪也开始有了更多的思考，"非洲有这么优秀的自然条件、资源，为什么没办法成功发展起来？好像开始感兴趣这背后

的政治、经济各种因素。

在非洲调研时，正值动物大迁徙的季节，来自世界各地的游客聚集在肯尼亚著名的马赛马拉国家公园，期待一份"好运气"能够看到壮观的斑马、角马迁徙的盛况。

结束调研的锦豪跟随中南屋的实习生们也加入了游客大军，在"调研后遗症"的驱使下，他一边玩一边也在观察那里的社会环境。

"在我们住的特别豪华的游客营地旁边，就是当地马赛人很破的小房子，小孩子光着脚走在沙子石头上，伸手向游客要钱。"锦豪回忆道，"这里有的人过着很奢侈的生活，有的人还极端贫穷，这给了我很多思考。"

事实上，锦豪一直格外关注这种"不平等"，尤其是经济、商业的角度的"信息不平等"。那时正值美国大选、Facebook 盗取信息事件闹得沸沸扬扬，他第一次意识到，信息具有如此大的价值。

"我以后想学经济，就在想能不能从经济学的角度去思考这件事。"锦豪说，"其实归根结底还是信息不对称造成的——人们不知道自己的信息有这样的价值。那我们说不定可以给个人隐私标个价？"

他想起了曾在相关讲座认识的一位纽约大学社会学教授，便联系了他请他帮忙指导数据的采集和分析。与另一个同学合作，他们花了三周时间整理了将近 400 份数据，在中国裁判文书网把个人信息有关判罚中显示的信息数量和类型、政府的罚款程度、判刑年限等信息整理下来，并依据这个衡量各种信息的价值有多少。

前前后后持续了半年，最终他们的研究摘要被一个权威学术机构"亚洲社会心理学学会"的年会采纳，主办方还邀请他们届时到台北，在各方专家面前进行展示。

在此之前，锦豪还曾参与过一个公众号建设，同样关注"信息"的衡量。"当时发现英国脱欧和美国大选，西方社会的人投票很玩味，完全不了解投票会产生什么影响，于是就想做一些事情让大家意识到，周围信息的重要性，错误信息会带来什么影响。"

在公众号里，他们普及简单的经济学知识，转化成有趣的故事，帮助大家在生活中处理生活中的信息。他们的实践在比赛中得到了北京大学教授的认可，可不管是去企业还是和同龄学生介绍，大家似乎都不能理解做这件事的必要性。

"感觉要走的路还有很长。"锦豪说。

去年冬天，他如愿收到了自己的理想学校——美国顶尖文理学院克莱蒙特·麦肯纳学院的邀请。这间小规模教学、师生关系紧密的文理学院，除了提供研究型的课程，还有其他文理学院不具备的实践性课程。

"之后可能会选择偏学术研究的'哲学、政治学与经济学'（PPE），也可能是更偏职业化的经济学与数据科学专业方向。"锦豪说，"还是希望有更多机会去试错吧！"

或许是用"经济"和"数字"思维参与到探讨世界发展的行列，也许是用商业或科技的手段创造更多"平等"的共享经济。

锦豪也期待带着更多专业知识再来非洲，见证属于非洲的阿里巴巴的诞生。

第三章

遥远土地上的故事，
我们讲给你听……

1. 中国人首次进行非洲反割礼：中国理想主义的碰壁，还是中非合作的新模式？

◎余雅婧　赵一雪　李天一　郑新玥　冯紫仪

安吉拉是肯尼亚东部奥里托克镇一名五十多岁的马赛族女子。在大约十年之前，安吉拉的女儿即将成年时，婆婆曾坚持让她接受割礼（女孩子的割礼是一种仪式，目的是割除一部分性器官，以免除性快感并确保女孩在结婚前仍是处女，婚后亦要对丈夫忠贞）。

安吉拉大声地宣称："我亲自来动手。"然而她带女儿出去时悄悄地告诉孩子："我自己没有经历割礼，也不会让女儿经受割礼。"

没有让女儿经历割礼的安吉拉今天工作于"马赛女孩梦想基金会"。该组织尝试救出面临割礼、早婚和失学的马赛女孩，给她们提供庇护所，并资助他们上学。这个机构的资金资助主要来自中国。

割礼是一个非洲的传统习俗，也是一种将年轻女孩的外阴部割去的手术。它是一种对女性身心伤害极大、存在感染风险且容易导致并发症的行为。历史上女孩们一度对此习以为常。今天它虽然被法律明令禁止了，但是非洲上百个部落中仍在延续这种陋习——她们占据了当代全球女性受割礼人群的百分之九十七。今天在非洲的 28 个国家中，每 8 秒就有一名女性承受这种痛苦。

《沙漠之花》由主演利亚柯贝德的亲身经历改编，讲述了索马里沙漠中的女孩华莉丝·迪里被迫接受割礼、强制结婚，逃婚时九死一生来到伦敦，最后成为名模走上国际舞台，投身于解放女性事业的故事。

随着全球对于妇女儿童权益重视度的提高，以西方为主的国家资助了非洲的一些 NGO，进行反割礼援助工作。目前，在非洲有 79 个组织在进行这方面的工作。

同样在非洲，目前已有约一百万中国人在这里长期生活和工作。然而，绝大多数的在非中国人都只在从事纯粹的商业活动。参与公益和本地可持续发展事务，对于他们来说还是件尚待发生的事情。

肯尼亚最后残存的割礼

根据世界卫生组织的定义，女性割礼是指所有非因医疗因素而涉及割除女性部分或全部外生殖器，或是对生殖器官造成其他类型伤害的手术。在肯尼亚，今天割礼最悄然盛行的三个部落为索马里、马赛、桑布鲁。

在传统文化里，割礼象征着纯洁，部落的男人们也只会选择受过割礼的女人结婚。既然有需求，那就会有供应。割礼师这个职业因为割礼而生。

诺克捷·帕莎尔是奥里托克地区一位 53 岁的前割礼师。她曾经做了二十多年的割礼手术。"我做这些不是为了钱而是为了荣誉，我走到哪人

们都很尊重我。"

诺克捷告诉笔者，当年在割礼开始前，女孩们的家人会在自家的院子里立上一棵树，告诉远方的朋友来参加割礼庆典。那时候，人们不会考虑割礼对于女性的生理伤害，而是当作左邻右舍相聚的庆典。

而在第二天清晨，诺克捷会当着所有人的面割下女孩的外阴部，给她喝动物油脂止痛，并用牛奶清洗伤口，裹上黄油止血。

在良莠不齐的医疗条件下，不经消毒的器具极有可能引起伤口感染、囊肿、排尿不便，甚至死亡。

这样的故事时刻在发生，却不是时刻有人知道，于是越来越多的国际组织开始并呼吁进行割礼救援。目前为止，绝大部分该方面的资金支持来自西方发达国家。

肯尼亚的女孩时代（TGG）就是一个由英国发展署（DFID）为主的资金资助的基金会。肯尼亚地区负责人伊莎默尔·奥美尔介绍道："TGG是肯尼亚唯一一家向其他反割礼小组织提供资助的基金会，我们每年会给他们发放 50000—100000 美金的资金。"

伊莎默尔·奥美尔介绍，自己是索马里部落的，十一岁的时候，亲眼看到姐姐遭受着割礼后遗症的痛苦，"她疼得满地打滚，完全站不起来。"索马里的女性割礼非常特殊，除去割外阴部，割礼师们还会将女性的阴部用荆棘或者棉线缝起来，只留下一个火柴棍粗细的小孔，用作排泄。"他们用这种方式来保持女孩子的贞洁。"伊莎默尔·奥美尔说道。

2017 年，中国人首次参与到非洲女性割礼这个话题中来。

2017 年 7 月，中南屋带着 14 名中国学生，来到了肯尼亚东部 Oloito-ktok 镇调研。在这里，他们准备援建一个割礼救援中心，帮助从割礼习俗中逃脱出来的女孩子们提供一个栖身之所。

中南屋 2014 年由中国青年在肯尼亚成立，为中国青年提供调研、实习、义工等走进非洲等发展中世界的项目。他们也希望通过这些中国青年的行动，将中国人的"走出去"与本地社会、环境治理问题结合，帮助中国更好地融入全球可持续发展。

和非洲大量从事割礼救援的 NGO 不同，中南屋并没有将自己定位在 NGO，而是选择用商业的模式来进行他们的项目。

"国内 NGO 一般大家理解为公益组织。我们起步的时候思考过走企业路线还是 NGO 路线。仔细想想，国内没有像 DFID 那样国际发展类资金的申请渠道，拿西方国家的钱又会受到质疑；此外，大多国人觉得公益组织就不应该收费，工作人员也不应该拿工资，或者工资应该很低。这样子是不太可能可持续地发展壮大的。"中南屋创始人黄泓翔解释，我们和西方国家国情不同。

"非洲女性割礼救援计划"是中南屋的项目之一，艾子淇是该项目的负责人。2016 年，中南屋认识了"马赛女孩梦想基金会"的创始人索伊拉。

索伊拉和她的团队起初仅靠自己的积蓄救援女孩，为她们提供基本的食宿，但随着女孩数量的增多，小镇上的救援中心已经没办法接纳更多的女孩了，她意识到不能只做救援工作，她想找到更系统、可持续的方式。

后来，索伊拉联系到了中南屋，希望一起修建一个自己的救援中心，

◎马赛女性

这就是今天马赛女孩梦想基金会救援中心的由来。

中南屋将割礼救援主题开设成调研项目，招募中国的学生，作为老师培训他们如何进行国际调研和开展实地项目。这些中国学生交的学费的一部分，会捐助到索伊拉这里支持其割礼援救工作。同时，在老师的指导和帮助下，这些中国学生还会尝试通过帮助销售割礼中心女孩的手工艺品到中国以及公益筹款的方法，进一步为索伊拉带来帮助。

"作为一个社会企业，我们希望建立一个多方共赢的模式：马赛女孩梦想基金会获得来自中国的资金和帮助，参与的中国学生获得锻炼和经历，中南屋则从这种国际交流项目中获得盈利来实现机构的生存和发展。"艾子淇说。

问题依然存在

对于中国人而言，首次到非洲开展反割礼活动同样充满挫折，理想主义和热情在这里频频碰壁。

"有时候发现，你想着来帮助当地人，当地人却不积极配合。"艾子淇印象非常深刻的是，在该项目中当地人缺乏关于项目运营的计划性和主动性。她需要定期和索伊拉详细地商讨，有限的预算应该如何花费。对于救援中心的未来，索伊拉她们没有详细、合理的规划。

有一次，艾子淇前去找索伊拉商讨如何分配项目经费。当艾子淇提出了一些如何设计救援中心和女孩教育的开销计划，询问索伊拉意见的时候，索伊拉没有太多自己的想法，就说："很好，按照你们的想法来，你们愿意怎样就怎样。"

这种来自当地的困难会严重影响项目的进展——建设一个实体救援中心，也比艾子淇最开始预料的要困难许多。

起初，中南屋拜托索伊拉，租到了当地一间毛坯房。房东拿了钱、承诺去装修，计划应该在 2017 年 7 月装修好房子，实际上整个进程延误了 5 个月才竣工。8 月，房东与艾子淇见面商讨装修事宜时，他竟然换了当地少见的 iPhone 7 Plus，艾子淇才意识到房东可能早就挪用了款项。

为了保证及时完成装修任务，艾子淇不得不放弃了让房东负责装修的想法，让索伊拉更换了装修队。

"我们的失误就是，作为不长期待在当地的外国人直接和房东交涉。他很明显在坑骗外国人。"艾子淇说。

2018 年，窗户安装上去了，床添置好了，墙也粉刷好了，救援中心好不容易装修好了。艾子淇刚开始觉得欣慰，当地政府却临时出台了规定，限制反割礼 NGO 的活动。原因是发现有人借反割礼的名义，进行女童人口贩卖。政府称会对此进行调查，而这个调查一直持续到了今天——装修好了的救援中心也因此至今没有获得批文让女孩入住。

虽然无法住进去，但是来自中南屋的资助，现在被用于一些救援出来女孩的生活费和学费。安格尼斯就是目前受益的少数女孩之一。安格尼斯的奶奶自己没能逃出割礼的命运，但是一直反对割礼，在安格尼斯父母要强行割礼时，将她救了出来，送到了马赛女孩梦想基金会这里。

"我在基金会的帮助下已经读完了高中，我很想上大学，学会计。今年九月份就要开学了。"安格尼斯说。

除了对本地受割礼影响的女孩产生了帮助，这个项目也让参与其中的中国青少年们获得了成长。

2018 年 7 月，中南屋的第二批非洲女性割礼援救项目的学生抵达了奥里托克镇。其中的陈同学是第二次参与这个项目。

"我觉得收获还是蛮大的，吃苦能力大有提高。另外，社交能力和口语能力都有所提高。比如怎么和小孩子交流啊，怎么和陌生人搭讪啊。总之还是非常有收获的，感受到了很多如果你不来非洲，你就永远不会感受到的东西。"

◎图为在割礼中心 MAGRIAF 前调研采访

在离马赛女孩梦想中心仅仅相距十几公里的地方，有一家由英国人资助的救援中心"神学院"。跟马赛女孩梦想中心不同，这里已经有了比较成熟的运营模式：有全职雇员，有给自己造血的农业项目，有稳定的来自英国的资助。

被问及为什么发展能如此成熟时，"神学院"中心的肯尼亚全职雇员阿莫斯说："这个项目始于 2008 年。整个项目就像一场旅行一样，一年一年下来，也就这么过去了。"

2. 非洲手工艺品，让你看到美，
让她们看到生存的希望

◎张诗瑶

位于肯尼亚内罗毕市郊的"非洲文化遗产之家"，是一座西非马里与东非斯瓦希里风格结合的建筑，橙黄色的墙壁象征热情与活力，里面陈列着非洲各个地区的特色手工艺制品。三十年前，创始人艾兰战后退役，开着一辆买来的二手巴士，穿越撒哈拉沙漠，从巴黎一路开到了肯尼亚。这

◎非洲遗产之家中的陈设

一路上他领略了万千风土人情，也带回了各地的特色手工艺制品，有坦桑尼亚原始部落的女性一针一线缝补出的兽皮地毯，也有马赛族人用来储存钱币的布袋，琳琅异彩。

艾兰基于这些收藏和他对非洲文化的理解，开设了"非洲文化遗产"公司，将非洲艺术品推向世界各地，而这个非洲文化遗产之家也是在该公司的鼎盛时期修建。

建筑前是一望无垠的稀树草原。曾经，每到动物迁徙的季节，几十万只角马从这里呼啸而过，扬起一阵黑色的旋风。那时如果你坐在遗产之家里马赛人做的香蕉纤维沙发上，你会感受到大自然粗粝的心跳。可是随着城市的扩张，栖息地被侵占，角马再也不会经过这片草原，喧嚣而起的尘土也落在了文化遗产之家里陈列的手工艺品上。

2003 年后，非洲文化遗产公司因为种种原因倒闭，曾经轰动一时的文化遗产之家逐渐成为一处普通的景点。不过，非洲大地上的手工艺制品至今一直生生不息。它不仅是一种艺术，更赋予万千肯尼亚女性力量，反抗着传统和时代加于她们的不公命运，让她们生而坚强。

马赛珠连缀起的城墙——墙外是割礼，墙内是梦想

"我今年十六岁，现在在读七年级。如果你不是在这里遇见我，那我肯定就已经嫁人了，可能还有了孩子。"

身穿黄色连衣裙的鲁丝说这句话时神色轻松，语调平淡。三年前，鲁丝的父母不经她的同意，就收下了一位中年男子的聘礼，他们用自己的亲

生女儿，换来了几头牛，几只羊和一些钱。

按照马赛人的传统习俗，当时只有十三岁的鲁丝，将要在婚前被迫接受割礼，这一习俗残忍血腥，可马赛人却代代传承。很多女孩因为太过恐惧割礼而从家里出逃，鲁丝就是其中之一。出逃的女孩往往无法生存，最终还是会回到自己的家庭中被迫接受割礼。肯尼亚本地的 NGO 工作者索伊拉和乔伊斯在肯尼亚的一个小镇奥里托克成立了反割礼组织 MAGRIAF 来帮助这些女孩。

她们不仅给出逃的女孩们提供住所，让女孩住在自己或亲戚的家里来保证她们的安全，还会支持她们的教育。为了能让女孩们掌握谋生技能不再依赖他人，乔伊斯将马赛人所特有的编珠技巧教给女孩们。现在 MAGRIAF 的女孩们会在课余时间编制一些马赛珠饰品拿到马赛市场上去卖。渐渐地，她们懂得了独立的来之不易和珍贵。

有人来访时，MAGRIAF 的女孩们会骄傲地展示自己编的马赛珠饰品，鲁丝很擅长制作手链，她能够用马赛珠在细细的手链上编出各式各样的图案。编珠非常枯燥，需要集中全部的注意力，且编珠时用到的刺针十分锋利，一不小心就会刺伤手指。可是鲁丝会用自己的全部闲暇时间来编制。

"我喜欢编珠子，因为我知道我编的越多，我就能够挣到更多的钱，我就可以用这些钱来读大学。" 她的梦想是成为一名飞行员。为了实现这一梦想，她会每天都坚持吃胡萝卜，因为她的老师告诉她多吃胡萝卜对眼睛很有好处。

MAGRIAF 的女孩都和鲁丝一样，她们在年纪尚小之时就经受了逃离家庭的痛苦，为了能够实现自己普通的梦想，她们需要花费很大的力气。谈及对未来的期许时，大多女孩都提到，希望以后能成为一个温柔的妈妈，保护自己的女儿不受到割礼的伤害。女孩们称呼乔伊斯时会开心地叫她妈妈，原生家庭给她们带来了太大的伤害，她们因此而更加珍惜善良的人。

围巾织成的温床——梦中是家园，梦醒是杀戮

娜迪亚今年刚满十六岁，却已经是一个牙牙学语的孩子的妈妈。

娜迪亚出生于索马里，在她十三岁的时候，亲人因战乱而全部丧生。就在那一年，她被敌军抓到森林里，成了一名性奴。"我们的生活十分悲惨，甚至靠吃树叶为生。"炼狱般地活过了两年，她怀孕了。成了母亲的娜迪亚不想再过暗无天日的生活，鼓起勇气从索马里出逃到肯尼亚。刚到肯尼亚时，举目无亲的她，又因语言不通难以与人交流，生活似乎要陷入绝境。

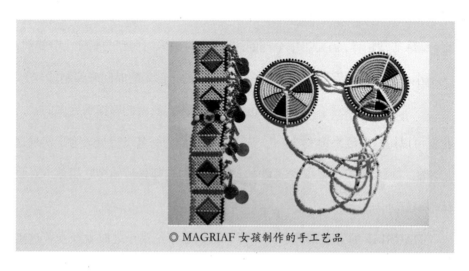

◎ MAGRIAF 女孩制作的手工艺品

幸而遇到的好心人把她送到了"希望肯尼亚"（Heshima Kenya，以下简称"希望"）。

◎ "希望"中的难民女孩

"希望肯尼亚"是一个 NGO 组织，成立于 2008 年，旨在为肯尼亚及周边国家的女性难民提供一个庇护所，并且教给她们制作围巾的技能，让她们能够依靠劳动所得独立生存。对大多数生活得毫无尊严的难民女孩来说，这个词实在太过遥远，但如今她们能够在新的世界，用自己双手的力量为新的人生旅程奋斗，全因有"希望"这样的组织存在。

十九岁的艾莉丝是娜迪亚在这里最好的朋友。

艾莉丝长了一双大而温柔的眼睛，不说话时，她会看着天空，时不时会有飞鸟从她眼前飞过。若不是听她讲述，没有人能想象这双眼睛见证了多少苦难。和娜迪亚不同，她不愿意讲述自己的过去："我不愿再想起我的过去，现在的一切对我来说都是崭新的，我已经有了新的生活。我喜欢这里，这是我新的家园。"

艾莉丝的手上戴着肯尼亚国旗式样的马赛珠手链，是她的本地朋友制作后送给她的。虽然来肯尼亚的时间不长，但她已经和很多会做手工艺制品的本地女孩成了朋友。艾莉丝跟随"希望"的培训老师学习制作围巾已经有八个月的时间了，所有老师都对她赞不绝口。她学起来很快，还能够自己设计围巾上的图案。艾莉丝展示了她印染的布料，蓝色和白色交相掩映。

"我喜欢蓝色，是和平的颜色。"

工作之余，艾莉丝会在家里读书，偶尔也会和朋友去游泳。她的世界里已经不再有枪声与炮火，曾经满是鲜血的双手如今在自己制作的围巾间穿梭。"希望"位于肯尼亚首都内罗毕，房屋四周种满了花树，浅粉深红的三角梅和紫色的蓝花楹花团锦簇。在炫目的阳光下，难民女孩们围坐在一大片草地上，一边交谈一边准备着蜡染围巾的材料。若不是她们脸上的伤痕作为曾经屈辱的证明，人们愿意相信这世上不曾有过战乱与死亡。女孩们制作的围巾大多色彩奔放热烈，那是对自己生命的无言书写。

手工艺与生计的结合——是平凡生活中最大的幸运

当然，也并不是所有的肯尼亚手工艺品女孩，都有被迫接受割礼或是遭受无情战乱这样苦大仇深和惊心动魄的故事。对于大多数女孩而言，可能，这只是她们平凡的生活的一部分，帮助她们对抗肯尼亚高达 40% 的失业率。手工艺品给了她们工作，而有工作，才有生存的希望。日暮四合，住在内罗毕市郊的手工包制作者萨利锁上工坊的门，走过破败的街区回到了自己的家中。

萨利的工坊位于城市的边缘，四周低矮的房屋，住着的全部是这个城市中平凡的谋生者。她的工坊是一个很小的房间，里面有三个女孩共事。她们每天工作十二个小时，将做好的产品销往城市中心。萨利偏爱橙色，会在自己的产品中加入很多橙色元素。她也喜欢自己部落 Luo（部落名）

◎作者在采访萨利

的特色图案,将这样的图案大片大片用到自己的产品中,这让她的产品很有特色。

萨利最享受的事就是在自己的工坊里做包,人生最美不过是找到理想的自己,萨利也找到了一个热爱设计和充满原始活力的自己。下班后的萨利成为内罗毕这座城市中最普通的一个女孩,就像一滴水消失在海洋中。

结语:

在肯尼亚,制作手工艺制品已经融入像萨利这样的女孩子的血脉,相偎相依，无法分离。对大多数手工艺人来说，制作手工艺品是她们的生活方式，她们没有太大的痛苦需要遭受，却也没有远大的理想能够实现。

她们能做的，就是不和这艰难的人生为敌。

3. 知识改变命运？
对肯尼亚的青少年来说，这不一定是正解

◎孙 博

◎孙博在基贝拉

中国青年孙博在坦桑尼亚的达累斯萨拉姆成立了一家基金会，资助一所名为"儿童之家"的孤儿院，为无家可归的当地孩子提供温饱。然而，

149

◎肯尼亚街景

他发现这些孩子后来仍然很难逃离贫穷的恶性循环。他们往往在求学、就业的路上极其不顺利，甚至最终流落街头，成为罪犯。

为了探索在社会边缘地带徘徊不前的非洲弱势青少年群体如何改变命运的问题，孙博来到了拥有更多国际NGO的肯尼亚，考察学习这些NGO组织如何真正地"授之以渔而非授之以鱼"。

肯尼亚，尽管作为东非第二大经济体，却仍然面临着许多民生方面的挑战：首都内罗毕的失业率高达40%，同时约有25万人无家可归。而在这些无家可归的人中，有相当数量的青少年甚至孩童，他们大多因家境贫寒、父母无力抚养而被抛弃，自此流落街头，过着听天由命的日子。这些流浪儿童食不果腹、缺乏教育、时常遭受霸凌。所幸有许多NGO正在努

力帮助这些孩子，试图带他们走出"贫穷的陷阱"。

从垃圾桶拾婴与街头拯救

伊马尼康复中心（Imani Rehabilitation Therapy，以下简称"康复中心"）是一个专为被抛弃婴儿设立的保育中心。这里的孩子大多有着悲惨的遭遇：譬如易丝特，她是一名出生于 2017 年 12 月 25 日的小女婴。易丝特和她的双胞胎姐妹在出生后即被她们的父母遗弃在一个垃圾桶里，全身仅有一块破布包裹。一位好心人目睹她们被遗弃的过程，立即通知了康复中心，康复中心的工作人员虽然第一时间赶来并将易丝特救回，但易丝特的姐妹却已经没有了呼吸，连一个名字都没来得及拥有。

现在易丝特生活在康复中心的无菌室里。这里还有约 200 多个孩子，经过康复中心的细心护理后，孩子们逐渐成长得活泼、健康、懂礼貌，甚至比同龄人更加成熟。2017 年，约 100 个康复中心孩子找到了新的"父母"，开启了崭新的生活。而对于领养家庭，康复中心也会先让这些孩子与他们进行一段时间的接触磨合后，再进行正式的领养交接手续办理；在领养之后，康复中心也会继续跟踪这些孩子，以确保领养家庭如实履行了责任。而对那些没有被领养的孩子们，康复中心会一直和他们生活在一起，送他们到公立中学甚至大学念书，直至他们找到工作，开始自己独立的生活。

据最新数据，内罗毕街头流浪儿童数量达到 2000 个。他们露宿街头，以乞讨为生，吸胶水和廉价毒品，在花儿一样的年纪变成了社会的危险因素。拉哈孤儿院（Raha Kids）则是一家位于内罗毕市区的专门为一些流浪街头的男孩（street boys）提供庇护的机构。截至 2017 年，负责人约翰已将约一百多个七岁至二十岁不等的男孩从街头带回。拉哈孤儿院不仅为这些孩子提供吃、穿、住，还教授其基本知识、日常社交礼仪，帮助他们培养良好的习惯。有机会上大学的孩子会得到拉哈孤儿院的资助，继续求学。

从垃圾桶拾婴到街头拯救，康复中心和拉哈孤儿院给了弱势青少年群体生存的机会。除了满足基本生存需求，在肯尼亚还有许多其他 NGO 致力于教授弱势青少年群体一些技能，以使他们可以借此谋生，从而实现真正的自给自足，将生存的希望进一步升级到了生活的希望。

罗杰姆技能学校和"希望肯尼亚"就是这样的机构。

技能培训：是弱势青少年群体改变命运的绳索

罗杰姆技能学校的校长南希说："在肯尼亚的一般学校中，10 个孩子中就有 1 个孩子有特殊疾病，如自闭症、抑郁症、唐氏综合征、读写障碍等。这主要是因为肯尼亚医疗条件落后，很多母亲在生孩子时难产造成的。"然而在一般学校中，这些孩子会被当作是生病的孩子，并且因为他们学习成绩跟不上，甚至会出现被学校开除的情况。

"这些孩子如果不上学的结果是找不到工作吗？"

"不，"南希说，"他们会成为罪犯。"

为了帮助贫穷家庭的特殊儿童获得教育，南希在内罗毕市郊设立了一所专门针对特殊儿童的学校。在普通教育的基础上，南希特别注意挖掘弱势青少年的兴趣点，为他们打开一扇窗。8 岁的卡拉妮表现出了对绘画强

烈的兴趣,南希便请了绘画老师每周过来教卡拉妮绘画。南希讲起她曾经发现一个有自闭症的小女孩平时不说话,但是在厨房里煮饭时突然笑得特别开心,从那之后南希经常带着她在厨房里做饭。

"很多人问我,这种特殊儿童是不是都有特别的天赋?我也希望是这样,然而事实是他们和普通小孩并没有任何不同。只是在大人鼓励他们做一件他们喜欢的事情时,他们会收获成就感,从而不断朝这个方向努力下去,把努力变成天赋。"对于这些特殊儿童来说,技能培训让他们自己推开一扇窗。

"希望肯尼亚"成立于 2008 年,旨在为肯尼亚及周边国家的女性难民提供一个庇护所。这些女性在来到"希望"之前都遭受过各种各样的折磨:有些曾长期被性虐待,有些则目睹自己的亲人被杀害。而"希望"会与各个救援组织合作,主动寻找这些身陷绝境的年轻女性并将她们安全转移至"希望"在肯尼亚内罗毕的营地。在那里,这些获得救援的女性不仅能得到专业的心理咨询疗程,还能在一个安全的环境里接受基础教育,以及获得谋生技能培训。"希望"的玛莎赋权机构(Maisha Initiative),正是一个教难民女孩制作围巾技能的培训项目。

Maisha 在斯瓦希里语里的意思是"生命"。女孩们会在"希望"接受时间长达一年的培训,从去当地市场购买材料到如何设计图案,再到进行围巾制作,全程都是在培训老师的指导下进行,并最终成长为可以独当一面的织围巾能手。培训合格后,女孩们制作的成品会在"希望"的网站上面向世界各地的人们出售。"希望"希望购买围巾的顾客不仅得到一条围巾,也能得到一个故事，于是每一条被订购的围巾都会附上一张卡片，卡片上会写明制作这条围巾的女孩的生平，同时附有女孩对围巾购买者的寄语和签名。

在培训过程中，"希望"会为女孩们每一个月存下一千先令，约七十人民币。这些积蓄会作为这些女孩未来离开"希望"后的起步基金，无论她们是选择继续学业还是寻求事业。

十九岁的艾莉丝来自战火纷飞的南苏丹，跟随"希望"的培训老师学习制作围巾已经有八个月的时间了，所有老师都对她赞不绝口。艾莉丝学习能力很强，还能够自己设计围巾上的图案。她告诉我们：她喜欢蓝色，因为那是和平的颜色。如今的艾莉丝已经计划在明年前往美国明尼苏达州开启新的旅途。谁能想到，艾莉丝会从一个落魄的难民女孩到拥有了一技之长并远赴美利坚，这正是"希望"为像艾莉丝一样的女孩的生命中所注入的，不只是希望和梦想，更是通过技能培训来赋予这些姑娘追寻梦想的能量。

即使身怀一技之长，在失业率高达 40% 的肯尼亚，弱势青少年群体的求职之路仍走得坎坷。

"我们不只是培训工人，我们培训雇用工人的创业者。"

2013 年，在内罗毕市内的基贝拉贫民窟里，一个名为"途纳熊猫"（Tunapanda）的组织成立。

基贝拉是非洲最大的城市贫民窟。"途纳熊猫"的工作人员主要教授

贫民窟的青少年编程、数字设计相关的技能，让贫民窟的青年人也能紧跟二十一世纪信息化潮流，这样在以后的就业竞争中也能有自己的一席之地。

与"希望"不同的是，从"途纳熊猫"里培训出来的青少年在有了一定的 IT 技能（信息处理能力）之后，可以独立为别人提供信息技术服务并收取相应的服务费用，而不再只是一个纯粹的雇员。掌握了这些技术的他们，可以成为"自己的雇主"。

十九岁的查里斯，来自基贝拉贫民窟。他在上完中学后，由于家庭实在支付不起昂贵的大学学费，查里斯不得不来到"途纳熊猫"追逐他的 IT 梦想。

"对于贫民窟的孩子来说，上大学是一个遥不可及的梦想，他们需要非常优秀的成绩以及较好的经济基础，但是我们不能因为一个孩子有一个 C 就不给他追逐梦想的权利。""途纳熊猫"的负责人之一丹尼斯告诉我们，他们为所有追逐梦想的肯尼亚贫民窟少年提供继续学习的培训机会。

刚在"途纳熊猫"学习了一个月的查里斯，自豪地向我展示了他独立制作的一个小游戏。"途纳熊猫"的青年在完成三个月的高强度培训之后，可以获得一份证书。而这一纸证书是肯尼亚青少年离开"途纳熊猫"后开始独立接单做项目时的"金字招牌"，培训所习得的技能使得他们几乎能与技校毕业生平起平坐地竞争。

除了成为"自己的雇主"，这些待业的人们还能成为别人的雇主。"青年旗帜赋权机构"（The Youth Banner）就是这样一家帮助待业人员成为雇主的技能培训中心，它的培训对象主要为 16—35 岁的肯尼亚青年。与其他机构不同的是，青年旗帜赋权机构所教授的技能并非普通的手工制造、实用技术等与服务相关的技能，它最核心的培训内容是帮助这些弱势年轻人学习如何开始和运营自己的生意。

青年旗帜赋权机构的首席沟通官乔博说："很多人都会很多技能，而我们教他们'如何使用'这些技能。"青年旗帜赋权机构雇用的肯雅塔大学的商科毕业生会在长达 6 个月的培训期间，教青年们一些关于商科的知识以及部分相关技能。

"在这里，我们不再将他们培训成雇员，我们是将他们培训成雇主。"乔博说道。

玛丽擅长纺织，她在来青年旗帜赋权机构之前就知道她想开一家纺织店，但她不知从何做起。经过培训后，玛丽成功开了一家自己的纺织店。她教她的三个女儿如何纺织，同时出售纺织品。青年旗帜赋权机构和一些社会人士还会无偿地"资助"一些有成熟想法和计划但缺乏启动资金的创业者。

青年旗帜赋权机构和"途纳熊猫"将这些原本听天由命的年轻人的命运，重新交还到他们的手里。"知识改变命运"是一句中国人耳熟能详的话，而对于非洲的弱势儿童来说，或许"技能改变命运"更为合适。

在此次调研过程中，各类先天条件不佳的孩子在 NGO 的帮助下从获得生存的希望，到一步步就业和创业，摆脱"贫穷的陷阱"。而同样的模式是否可以应用于面临同样问题但国情不同的坦桑尼亚及其他国家和地区，仍然有待调研、寻求对策。

4. 被 ET302 惊扰的"非漂"岁月: 埃航空难之外的中国追梦人

◎吴雨浓

2019 年, 一场令人悲痛的空难牵动着全世界的心。

而在事发的那片蓝天下, 还有数十万有故事、有梦想的中国人, 在这片被称为"非洲屋脊"的高原上, 他们为理想或财富, 努力扎根。

空难像一颗巨石一样投进他们的生活, 泛起涟漪。涟漪终会退去, 却折射着他们在非洲最真实的状态——他们创造奇迹, 也背负孤独。

"我算是埃航的铁粉。"

刚到非洲的那几年, 林立涛经常奔波于埃塞俄比亚首都亚的斯亚贝巴(以下简称"亚的斯")和肯尼亚首都内罗毕之间, 选择埃塞俄比亚航空(以下简称"埃航")几乎成了他的习惯, 至今已累计搭乘了数百次。

早在 20 世纪 70 年代, 埃塞俄比亚航空公司就被看作是"第三世界中最可靠和最赚钱的航空公司"。这家人称"埃塞俄比亚最大国企"的航空公司, 联结全球 85 个国家, 提供了从其首都中转到非洲 30 多个国家、50

◎早晨八点左右的博莱机场

多个城市的航线，也是中国飞往非洲各国最便捷的航空通道。

"埃航的飞机都比较新，而且基本所有非洲国家都能飞。"林立涛说。

自从 2011 年常驻亚的斯之后，林立涛到内罗毕执行公务也是常事。上午出发时，这个处在高原的城市正逐渐迎来太阳，夜晚残留的凉意很快散尽，林立涛熟悉地走进博莱机场安检区域，脱掉鞋子，抽出皮带，汇入人流。

这个机场年吞吐量达 900 万人，墙上挂着"埃塞俄比亚机场，非洲的桥梁（Bridging Africa, Ethiopian Airport）"的标语。

与之相对的，是不到 30 个值机柜台，5 个海关入口和 2 条起飞跑道。有些当地华人戏称，人多的时候，挤得像地铁站。

穿梭在东非两大都市——亚的斯和内罗毕之间的航线每天四班，是埃航在非洲频次最高的航线，而 ET302 不过是这几班"公交"中的一班，飞行的时间比京沪航线还要短。

北京时间 3 月 10 日下午五点，东非时间当日中午，刚调回北京工作几个月的林立涛得知了埃航 ET302 的波音 737 MAX8 型客机坠毁的消息。

据报道，机上 149 名乘客与 8 名机组人员全部遇难，其中包括 8 名中国公民——4 人为中国公司员工，2 人为联合国系统国际职员，另 2 人则为因私出行。

年轻的土地与中国开垦者

在林立涛的印象中，从亚的斯出发的飞机常常几近满载，尤其是飞往内罗毕的航班，起飞的时候，他通常在小寐。

的确，相比绮丽迷人的热带雨林、高耸入云的冰川雪山，亚的斯飞往内罗毕的沿途似乎没什么好看的。除了七八月份（当地雨季），这一路常是一片晴空，可望见因干燥呈现金色的平坦高原。"坐了这么多年，也就雨季期间会颠簸得比较厉害。"林立涛回忆道。

在飞往内罗毕的飞机上，太容易遇见熟悉的中国人。来埃塞俄比亚的中国人很多，圈子却很小，在这里，只要你是中国人，就"都是老乡"。

1998 年，林立涛成为一家国企年轻队伍中的一员，离开祖国，追随着工程队奔走在肯尼亚、埃塞俄比亚、乌干达和坦桑尼亚等东非国家之间。那时候，他风华正茂，承载着中埃两国的梦想，来到这片充满机会的大陆闯一闯。

"为什么要来非洲？"和林立涛类似，身在国企的徐建国偶尔也会面临这样的询问。

"在非洲的确苦，但我们很感谢非洲，我们这一代农村孩子很感谢非洲。"从乡村到城市，英语专业的本科学位，似乎并不足以帮徐建国在北上广立足，然而派驻非洲的工作机会，让像他一样的毕业生们开启了人生的转向。

最早来非洲时，他呆过西非的加纳，常常在工地上和当地工人接触，"他们赚多少就花多少，赚一点钱就要给自己买瓶酒，跳到树上喝。"

而到亚的斯，他所做的是帮助当地完善供电设施，保证稳定的电力输送。要知道，即使在首都，停电也是常见的事，餐厅、宾馆把"备好发电机"看作"常识"。

"能吃苦、有毅力"是徐建国的信仰，看着大城市来的孩子几个月就待不住回去了，他在非洲也守了四五年。

他记得有一次因公务飞去索马里，载着几十人的小飞机在空中忽上忽下，他双手紧紧抓着扶手，全身肌肉紧绷，旁边的非洲大哥面色平静，有些好笑地看着他。

从西非到东非，今年刚30岁的他，已经从基层员工成长为企业在当地的核心领导。

平时，徐建国的一大乐趣是刷推特，在那些西方媒体指责中国的阴谋论报道下义正词严地提出反对。"可能我是个愤青吧？而且工作之余，似乎也没那么多别的事可以干。"他坦然笑道。

偶尔，他也会看不惯一些做研究的人："非洲研究，很多人看的只是欧美人研究的非洲。人来了，也根本没在非洲待几天，写两篇文章发表，吃吃喝喝，买几袋咖啡就走了。没多少人想把这件事情做实。"

亚的斯被看作是非洲的政治文化中心。联合国等国际机构、各国 NGO 在这里设立办公室。作为非洲联盟的总部，每年 2 月初，非盟首脑会议都会在这里举行，街头飘扬着各国国旗，欢迎非洲各国首脑的到来。

与之相应的，越来越多具有很好教育背景的人，开始来到埃塞俄比亚工作、学习。有年轻的联合国官员，有伦敦大学亚非学院做非洲研究的学者，还有耶鲁、北大、清华的博士生、硕士生……

"有 150 万中国人在非洲，不在这里待久一点，你很难理解我们扎根这里的状态。"徐建国说。

就像这次，面临突如其来的灾难，只有这些抱团取暖的人，才更能懂得唇亡齿寒的寓意——这次，徐建国失去了他的朋友。"我们能感觉的是，身边的人走了。"

即使这片土地为他带来了机遇，他也难以抑制地感到危机："再美也不是故乡。埋骨他乡，何等凄惨？"

◎亚的斯亚贝巴街景，城市轻轨为中方承建工程

　　中国人是埃塞俄比亚第一大外国人群体，埃塞俄比亚也是中国人在非洲最大的聚集地。有的人说埃塞俄比亚有三十万中国人，有的说有二十万；居住在首都亚的斯的华人，登记在册的约有两万，但不少华人觉得，"少说也有十万"。

　　整个亚的斯，几乎60%的工程由中国人完成——从城郊的莫托托山俯瞰全城，一栋高耸的大楼矗立在城市中心。虽然还未封顶，但人尽皆知的是，那将是"东非第一高楼"，并且，那又是中国人建的——连同其他

的"奇迹"一样，东非第一条城市轻轨、埃塞俄比亚第一条高速公路、从首都通往红海沿岸的吉布提港的电气化铁路，都是中国人建的。

有人说，在亚的斯几乎能找到所有中国搞建筑的大型公司。

这是属于海外中国建设者共同的成果、每个人的勋章。然而"成绩"背后的辛苦，只有他们自己知道。

驻外记者李卫国也是去内罗毕出差的常客："到现在都不敢看航班号。"事发后他第一时间赶往坠机现场，被砸成了陨石坑的地面、连续两夜缺席的睡眠，构成了一种无力感。

紧贴着博莱机场，由中国公司承建的新航站楼正在隔离带中紧张建设，而 ET302 坠机现场的救援队伍中，也包括了中铁七局和中国交建。他们的路，还得继续。

押注非洲"淘金梦"

要比飞机飞得高更多，直到可以从卫星的视角俯瞰，就能看出埃塞俄比亚处在非洲大陆形似"犀牛角"的东北部——人们称这片土地为"非洲之角"。

其中，沿海的地域被厄立特里亚、吉布提和索马里地区占据，它们围绕着埃塞俄比亚这个内陆国，为它勾勒出与非洲之角几乎完美吻合的轮廓。

首都亚的斯几乎就落在埃塞俄比亚国土的正中心。往北飞，有壮丽的火山、硫黄湖，有令人惊叹的岩石教堂；往南飞，有东非大裂谷和丰沛的瀑布，还有几近消亡的原始部族。

"我几乎去过埃塞俄比亚所有比较有特色的地方。"林立涛热爱摄影，用相机定格非洲，是再合适不过的了，而在往返亚的斯和内罗毕的沿途，他不怎么爱看风景，因为早就"看习惯了"。

与林立涛、徐建国都不同，李海在埃塞俄比亚的中国民营企业工作了快四年，"民营企业在这边投资，几乎是没后路的，身家性命都押在这儿了。"他与徐建国算是同龄，两人关系不错，周末的时候，他有空就跑到徐建国的家里吃吃饭，聊聊天。

上次从国内飞回埃塞俄比亚，他把自己21公斤行李托运额算得清清楚楚——行李箱里塞了几乎等重的书。"这边网络不好，晚上出门逛又不安全，下班回家，除了看书，真的没别的什么可干了。"他解释。

"我常觉得，在这里'过一年老三年'，人好像衰老得很快。"他记得在非洲待了一年多后第一次回国，不知道遍布街头的共享单车是什么东西，根本跟不上国内城市的生活节奏。"所以有时候又觉得非洲很好，可以相对安静地读书、思考人生，这在国内几乎是不可能的。"

作为一家中资陶瓷厂的销售总经理，钱文则谋划着更大的产业版图。

过完了元宵节，他便赶往博莱机场，搭乘航班飞往柬埔寨西哈努克港——在那里，新的陶瓷厂正式投产，他们的陶瓷产业，正从非洲扩展出去。

而他们在埃塞俄比亚投资的开始也恰始于博莱机场。2016年，随着国内房地产行业的降温，陶瓷产业跟着走了下坡路，钱文开始了海外商业考察，从沙特到坦桑尼亚，正当一无所获准备回国时，在埃塞俄比亚转机的他看到了机会——初具规模的机场、不算贪心的海关、夜晚灯火通明的街

◎东方工业园外等待工作机会的埃塞俄比亚人

道和怡人的气候，都给他留下了好印象。

同年，他选择了在距离首都不远、由中国民间资本投资的东方工业园设厂投产。短短两年过去，整个工业园里，无人不知这家陶瓷厂效益很好，昼夜不停地生产也始终供不应求。

在这个耗资约3.5亿美金、吸引投资约5亿美金的东方工业园一期厂区内，还有大量中国厂房在高速运转："白菜价"的拖鞋和运动鞋格外抢手，两三百人的小厂天天争分夺秒；七百余名工人的服装厂，日产一万件单价约合30元人民币的牛仔裤，仍然供不应求；拥有两三千名员工的鞋厂生产着运往欧洲的出口产品；刚刚投产的制药企业，仅靠政府和国际组织的订单就足够忙得不可开交。

这些都是非洲的"中国制造"，他们瞄准这个约1.5亿人口的非洲大国，

◎东方工业园内的中国鞋厂

享受着政府提供的"投资前几年免税"政策，试图重写中国模式的奇迹。

钱文所在陶瓷厂的销售办公室，设在亚的斯市中心，从窗前可以看到车水马龙的城市主干道——博莱路。

"所以总是要走的，"坐在办公室的沙发里，钱文拉长了音调，"一年也好，五年也好，二十年也好。我们创造的，最后也只能是埃塞俄比亚人的，就像中国当年也一样，以前很多国外的品牌在中国落地以后，最后还是中国的。何况你想啊，来这里赚钱是我的事，我的儿子不一定想，这里说到底不是我们的家。"

要比钱文早得多，李洁记得自己第一次来埃塞俄比亚，还是高中刚毕业的暑假，那是 2007 年。那时当政的梅莱斯总理十分认同中国改革开放取得的成就，多次访华，并亲自到广东招商引资，吸引中国投资者到埃塞

俄比亚——李洁的家人便在其中。

"那时候真是躺着都能赚钱。"她回忆道。大量中国基础建设工程齐头并进，她家的水泥厂从没愁过订单。

数据显示，2006年到2015年期间，中国在公路、铁路、工业园区等众多领域提供了超过130亿美元的贷款。然而，随着建设趋于饱和，埃塞俄比亚政府欠的钱也越来越多，梅莱斯总理去世后，政局、相关政策面临转变，埃塞俄比亚走向何方，谁也没有定论。

现如今，李洁的家人早已撤资回国，她却在亚的斯安了一个家，一年里必有一半的时间待在埃塞俄比亚。埃航事发时，她正在北京攻读公共管理硕士的课程。她是个人尽皆知要"玩遍非洲"的女孩，几乎在第一时间收到了来自四面八方的问候。

两年前，她乘坐过ET302；为一些投资找地，她曾好多次去过飞机坠入的那片农田。"只能尽量以平常心对待了，所以才要过好每一天。"这个几乎每月都会搭乘埃航往返北京和亚的斯的女孩想得很开。

脆弱的异国故乡

林立涛记得，因为那班往返于内罗毕和亚的斯的飞机恰好不在用餐时间，提供给乘客的，往往只有简单的饮料、小面包以及一张餐巾纸。

餐巾纸上印着埃航的标志，来自埃塞俄比亚国旗的绿、黄、红三色，形似鸟的翅膀。

这个标志除了遍布埃航飞机和博莱机场，也会在亚的斯市内的大小宾馆、旅游特色餐厅露脸，还会神奇地出现在一些中餐馆餐桌的玻璃桌面下。

而玻璃桌面下，压着的正是往返北京、上海、广州、成都和香港的埃航直飞航班时刻表，中文书写，还包括详细的机票预订流程和注意事项。

中国是埃塞俄比亚航空最大的海外市场，每周有多达 34 个航班直飞中国，埃航也招收了一些中国籍空姐。而在埃塞俄比亚开中餐馆、超市的华人，有的会和这些空姐比较熟络。

王诚就是其中之一。为了帮当地华人搞点"家乡味儿"，而又不至于负担关税和海运费用，他会让空姐帮忙捎带一些国内的东西，柑橘、五香瓜子、酸奶，甚至榨菜、十三香，论公斤给空姐付钱，"离家在外的人，都想吃点家里的口味嘛！"

王诚来埃塞俄比亚开中餐馆不过两年，他带着赚钱的梦想来，来了才懂人在海外的辛苦，每次和当地员工交流，他总是中文夹杂一点英文，有时候还带几句阿姆哈拉语（当地官方语言），兼顾着肢体动作表达意思，一来二去，员工们也能明白几句中文了。

"当地员工每天盯着你有没有偷税漏税、有没有对员工不好，一旦举报你，被罚就惨了。"他总是叹气，"哎呀，哪儿都不好赚钱，但是相比国内你没什么可消费的，那也算是攒下钱了。"

过年期间很多中国人都回家了，餐馆看起来有些冷清，电视上循环播放着春节联欢晚会，有中国老乡来了，他拿出满满一盘瓜子，捧着金灿灿的小橘子招待。

王诚只是众多中餐馆老板中的一个。他开店的区域属于亚的斯被称作

◎中国市场里摊煎饼的埃塞俄比亚姑娘

"中国市场"（China Market）的地方，这里最早因为靠近卢旺达使馆，而被称为"卢旺达菜市场"。从 2000 年左右开始，随着越来越多的中国企业进驻埃塞俄比亚，尤其是进行大型工程的企业，食物采购成了一笔不小的投入。

有商业头脑的中国人抓住了商机，从最初的倒卖，到后来开设农场、自产自销，依靠着中国企业，这块菜市场兴盛起来。

渐渐地，中餐馆、烟酒超市、KTV、理发店、洗浴中心、洗脚城等中国式娱乐服务一条龙，顺理成章地形成了，服务着区域内数万华人，连名字也顺理成章地被冠以"China"。

在这里，他们仿佛给自己造了一个中国。

住在附近的中国人都有几个微信群，某个饭店需要哪个中国农场运什么货，今天谁带了哪个老总去哪个歌厅喝酒，等等，一切都通过微信群迅速传播着。

埃航失事之后，老乡群里出奇的有些寂静，唯有一篇名为《下一次我回家的时候，请紧紧地抱一抱我》的文章，在华人圈疯转，短短两三个小时内，达到了 10w+ 的阅读量。

文中的话，说出了王诚心底不知如何表达的东西："当坠机的那一刻，他们心里想的不会是神，也不会是财富，一定是朝思暮想的爱人和最宝贵的家人吧。"

孩子的母亲已经离开，王诚的父母在国内老家带孩子。他在外赚钱很重要的原因，就是"供小孩读书"。中埃混血的小姑娘安琪尔来店里玩的时候，他会抱着她、逗她吃橘子。可一年也就回国一两次的他，有时甚至不知道该如何跟家人亲近。

"在国外待久了，没有亲情的关怀，才体会到人情冷暖。"王诚感叹。

北京时间和亚的斯时间相差 5 个小时，东非高原上每个结束工作的傍晚，都是国内家人已经熟睡的深更半夜。

而对于非洲，遥远的中国永远有太多不解。

"这次飞机失事后，我妹妹第一句话就是'以后别去非洲了，飞行员和飞机不靠谱'。"林立涛在非洲待了整整二十年，在 2018 年底刚调回了国内，而家人的不解仍然存在。

"我见过很多埃航的飞行员，水平比较高，有些还是年长的白人，我觉得飞行员的失误概率比较低，尤其是起飞阶段。"林立涛说。

他记得，亚的斯与内罗毕往返，大多数时候天气都很好。每次飞机要

降落内罗毕的时候，都可以看到广袤的非洲大地。内罗毕焦莫肯雅塔机场就建在内罗毕国家公园旁，在停机坪便可以看到远处的肯尼亚山。

而每次从内罗毕返回亚的斯的时候，他都习惯早去，这个联合国非洲总部的所在地，堵车也出名的严重。"一般就早点出发去候机，写写材料，处理公务。"

常常飞这条航线的人，早有了固定的习惯，而对没有归期的旅行者来说，一切戛然而止了。

徐建国说，这里大部分中国人都是跟着企业来的，大约 80% 是国企、央企员工，另有将近 20% 是民营企业。可以想见，个体经营户大概只占统计饼图上约为一条线的体积，但却一样不可忽视。如果有一天大型企业都收工、离开了，这些人或许会留下，成为这块土地的一部分。

"这次空难就像是平静的湖面上起了一个小小的涟漪，马上就会恢复原本的平静。"总是叹气的王诚又叹了口气，"一切照旧，生活还要继续。"

5. 如何请走"进击的大象"

◎周亦扬　唐艺桐

"这些动物或许会挨饿，但可以活下去。"发出这句叹息的是卡辛迪。他来自肯尼亚的游牧部落——桑布鲁部落，是部落酋长的长子，也是唯一一个接受过现代教育的孩子。这位即将成为新一代部落领袖的年轻人，在英国获得生态学及多个野生动物保护的相关学位之后，成了国际野保组织"拯救大象"的首位非洲科学家。

在非洲，人们和动物的关系更近，村民们和野生动物生活在同一片土地上。位于东非的肯尼亚在 1963 年刚刚独立的时候，有 70% 的国土面积都是自然保护区，大大小小的自然保护区和村庄没有明显的边界。当动物和人类为了生存展开竞争，人兽冲突便不可避免地发生了。人类侵占了动物的生存空间，占用它们的栖息地和食物，饥饿的动物自然会跑到村庄中寻找食物，野生动物伤害家畜和人的事件时有发生。村民经常因财物损失而在愤怒中杀死它们，但人兽冲突的根本问题始终得不到解决，饥饿的动物们仍会不断跑进村庄来。人兽冲突的恶性循环是野生动物保护者们很难

解决的一个问题。

在迈克制造他的太阳能防兽灯之前，人们想过很多办法来解决人兽冲突。有人发现偷吃玉米的大象害怕蜜蜂，于是在农田边缘架上蜂巢，用蜜蜂来驱赶大象。但养蜂需要很高的专业技术，农民饲养起来又非常麻烦。聪明的大象还会辨别没有蜜蜂的蜂巢，将那些没有蜜蜂的蜂巢当作"入口"，进入农田。还有人尝试用辣椒水驱赶动物，但辣椒水只能起到暂时驱赶的效果，每三天就需要喷洒一次，这样做工作量又太大。还有人发明了 GPS 定位项圈，并在农户的院子内安装提示灯，当带着项圈的野兽靠近，项圈会发出电波，屋内的警报装置便会提示。定位项圈的优势在于，可以与当地的野保组织合作，对动物的迁徙、习性进行具体分析。但因为不可能为所有的动物佩戴项圈，且每个项圈也只有 3 至 5 年的工作时限，高昂的安装费用也使得这种方式不能普及。

迈克的故事就是从这里开始的。他自己有很大的一片农场，也见过了太多人兽冲突的故事，但与愤怒的农户不同的是，迈克相信动物可以和人类和平相处。

"人和动物都生活在同一片土地上，我们当地人会给每一头狮子取名字，甚至建立了一个网络的主页，就叫'内罗毕公园的狮子们'，每个狮子都有自己的身份 ID。"但这些有 ID 的狮子们，还是难逃在人兽冲突中被杀死的命运。

迈克的大学专业并不是动物保护，他所做的这些都是出于兴趣。为了更好地缓和乃至解决人兽冲突的矛盾，迈克与肯尼亚本地的野保活动家宝拉合作，所开展的项目也得到了一些 NGO 的资助。

一开始，他们对农户家的牛羊圈进行调研，棚子要多高？多长？什么形状的棚子易受袭击？他们尝试种植灌木，但这不仅要每户花费 500—800 美金，效果又差强人意。最终找到问题解决方案的是一个马赛男孩，名叫里查德·特尔。他发现用闪烁的光源可以驱赶动物，于是用家中的电器组装了一个简易的防兽灯。夜里忽闪忽闪的小灯让里查德家再也没有受到过野兽的侵袭。闪动的光源为什么可以驱赶动物？目前还没有定论，迈克凭借对狮子的了解，认为可能有四个原因：

第一，狮子需要选择一个事物作为目标，然后攻击，而闪烁的光可以阻止狮子标记它们的猎物。

第二，在视觉上，在黑夜里闪烁而明亮的灯可能让狮子觉得眩晕从而放弃行动。

第三，当狮子看到光的时候，它可能认为有人手持光源走动，在这种情况下，它会等待人和光消失。有时甚至会等待两个多小时。

第四，闪烁的灯光可能会使狮子丧失捕猎的信心，通常情况下，狮子在捕猎前会在农场外面转圈并且听人们是否入睡，但光使它们始终距离农场有40多米远。持续闪烁的光让狮子不能确认农场里是否有人或有事发生，这使得它们不敢轻易靠近村庄。

迈克和小男孩里查德不断地讨论、改进产品，讨论的内容从闪动的频率、电线的材料选择、防水设计到太阳能电池的选择、感光器的选择。在如何缓解人兽冲突的道路上，他们不断地尝试，里查德带着自己的想法走

进了 TED，将防兽灯这项发明与世界分享；迈克则将这个产品落实，他到处去寻找更好更合适的材料，在太阳能防兽灯批量生产之前，他一共花费了大概 9 万美金。

最开始，防兽灯的设计非常笨重，一套灯组由太阳能电池板、蓄电池、灯泡、电线和固定用的塑胶管组成。周长 100 米左右的羊圈一般会在栅栏外围插上 8 个左右的塑胶管，顶端连接着 LED 的小灯泡，太阳能电池板和蓄电池为小灯泡供电，让它们在黑夜中闪烁，阻挡了前来的动物。至今为止，防兽灯的原理还没有精确严密的科学论证，但是就经验来看，它已经非常成功了。104 家安装过防兽灯的农户，再也没有受到过野生动物的袭击。虽然灯组的整体设计并不复杂，用一个上午的时间就可以安装好一套，但是在维护过程中，却会出现不少麻烦。

◎现场组装太阳能防兽灯

"电线从土壤中露出来、电池被牛撞了一下、管子被羊啃了……但是那些村民根本不去维护，只是不断地给我打电话。"迈克说，"有一次我被一个电话叫到了坦桑尼亚，仅仅是因为电池的接触不太好。"

一半以上的太阳能防兽灯都是 NGO 资助农户免费安装的，但总有一些农户甚至不想承担维修的责任，一些小的问题都懒得去查看。农户们的态度让迈克感觉很累，但这也促使他想要设计出更轻便简单的防兽灯。

2017 年的夏天，在他研制防兽灯的第 5 年后，曾经的灯组变成了一个个独立的无线小灯。每个小灯包含着太阳能电池板、蓄电池、自动感光装置和 LED 灯泡。蓄电池充满电后，小灯内部的振荡器在把直流电变成交流电的过程中维持一定的转换频率，从而使 LED 灯不断闪烁。在黑暗的环境下，这款新研制的 LED 灯泡可以连续闪烁 40 小时以上。

新装置安装简便，费用也比之前便宜了很多。因为不需要专业人员安装，迈克可以直接将它们放在一个盒子里，寄给需要的农户，省去了一笔安装费；同时新装置的每个防兽灯的单价大概在 18—20 美金，每户人家一般需要 8 个以上防兽灯，总价在 200 美金左右，比之前的灯组便宜了30% 以上。新设计的防兽灯使用范围也变得更广，过去的灯组因为电线的限制，防护区域不能超过 200 米，无线的防兽灯则没有这种限制。

合理的价格和较好的效果给迈克带来越来越多的订单，更多的农户愿意自己出钱去买太阳能防兽灯。迈克也逐渐开始和更多的 NGO 展开合作。"纳米比亚现在有 200 个灯的订单，博兹瓦纳也需要。WWF（世界自然基金会）需要的最多，他们要一千多个。"迈克还在一直改进他的太阳能防

兽灯。他想用更低的成本来完成他的产品，他来到中国，在北京和广州找到供应商，想要在中国造出半成品，然后运到肯尼亚再进行组装。"我说我生活在丛林里，但是在北京的时候，他们都不相信我。"迈克半开玩笑地说道。

接下来，他还会去做关于河马的调研。这个常坐在在越野车引擎盖上追踪狮子足迹的人，在非洲的草原上逐渐找到了自己的乐趣，他相信人类可以和动物和谐共存，并在用尽全力去维护动物与人们之间的桥梁。

6. 非洲的野保黑科技?
我们采访了东非最大 GPS 项圈生产商

◎孙浩伦

"蒙内铁路于今年 6 月开通，从目前通过 GPS 项圈收集的数据看，大象正在学习如何通过蒙内铁路为动物迁徙专设的通道，GPS 项圈给我们提供了很多有用的信息。"拯救大象组织的助理研究员麦克说。

21 世纪的科技发展，带来了人与动物和谐的新平衡，而在大量应用于动物保护的科技产品中，GPS 项圈无疑是最为闪耀的明星。与之息息相关的，是一个名叫亨里克·拉斯马森（Henrik Rasmussen）的科学家。

GPS 项圈在诞生不久后就被应用到了我们的生活中。简单来说，GPS 项圈是一种安装在动物身上的电子项圈，它运用全球定位系统（Global Positioning System），也就是我们俗称的导航系统对动物进行定位。这类项圈在日常生活中常见的是用于宠物，它可以通过手机绑定，然后通过厂商提供的手机应用来实时定位你的宠物，这对于宠物主人无疑是一个福音。

而目前各国政府以及相关非政府组织的关注点，则是一系列特殊定制

的项圈，它们除了基本的定位系统和传输系统外，还拥有温度传感器和重力传感器，有的还有辅助加强续航的小型太阳能板。而它们的佩戴对象，正是各种野生动物特别是濒危物种，例如非洲象、草原狮和长颈鹿。亨里克正是制造这类项圈的"草原追踪（Savannah Tracking）"公司的创始人、首席工程师和老板。

亨里克就读于英国牛津大学，是生物学专业的博士生。他曾和很多科学家合作追踪动物、研究动物习性，在观察中使用了最早期的无线电项圈。12年的实践观察经验使他成长为一名野生动物保护领域的专家。在亨里克获得博士学位后，他决定为研究者和野生动物做出力所能及的贡献。但是最初制造GPS项圈的公司大多位于北美和欧洲，没有任何一家公司设立在拥有热带草原的非洲。于是，他来到了肯尼亚，建立了"草原追踪"。

"这些项圈的功能十分强大，它们可以远程定位野生动物的走向，我

◎亨里克公司生产的项圈

们以此来确定它们的迁徙路线、栖息地和产仔地，然后我们就可以在固定的时期实行适当的动物保护工作。"IFAW 的杰奎琳这样说道。

"草原追踪"的肯尼亚工程师丹尼说："这些项圈每隔 1 小时就会在地图上更新一下定位，如果工作人员发现某个动物长时间待在同样的地方，就可以迅速送去兽医和护林员。即使出现状况的不是佩戴项圈的那只动物，我们也可以通过项圈数据发现那只动物受到了惊吓，以此判断出这个动物群体出现了特殊状况，项圈的使用大大提高了反盗猎工作的效率。"

亨里克生产的项圈根据数据传输方式的不同主要分为三大类。

第一类名叫 UHF（Ultra High Frequency）项圈，就是无线电项圈。这种项圈通常会附带一个重力感应器，时刻检测动物的动作和移动方向，并把这些信息全部储存在项圈内部。当接近基站时，这种项圈就会通过信号发射器发出附带记录信息的无线电波。这种项圈的优势是价格低廉，单个项圈的价格在 2500 元人民币上下。而它的坏处是可检测范围只有 10 公里，而且基站只能显示这个项圈所处的方位，而不是坐标。UHF 项圈目前适用于防止动物入侵牧场，目前主要应用于防范狮子、猎豹和鬣狗。

第二类名叫 GSM（Global System for Mobile Communications）项圈，这类项圈通过全球移动通信系统，也就是我们手机应用的网络传输项圈内部储存的信息。这类项圈可传输范围广，价格在 7000—20000 元人民币不等。但这种项圈必须在有信号覆盖的环境下才能使用，在信号覆盖很弱的非洲大草原上，这种项圈的使用非常有限。当动物进入到没有信号覆盖的地方，信息将会存储在项圈内部，等动物到有信号覆盖的地方才会恢复传输。这

类项圈主要用于记录数据，研究动物。

最后一类项圈名叫卫星定位项圈，这类项圈可以直接通过卫星进行三点式全球定位，同时将实时位置反馈到相关人员的设备上。它完全不受地形和信号的限制，可全球监测。可使用的时间长达2年半至3年，是目前使用寿命最长的项圈。但使用卫星传输数据的价格很高，一个项圈费用高达30000元人民币。

亨里克的项圈风靡了东非，肯尼亚野生动物管理局KWS、拯救大象组织STE、长颈鹿保护基金会GCF等都大量采购并安装了动物项圈，用于反盗猎、人兽冲突、动物研究等野生动物保护工作的方方面面。

长颈鹿保护基金会最新在肯尼亚境内给11只长颈鹿安装了卫星定位项圈，共计花费了约5万美金，这些长颈鹿的行走路线被完整地记录了下来。GCF的东非统筹人亚瑟·蒙那扎说："我的调研组正尝试用这些项圈研究

◎长颈鹿保护基金会的工作人员正在给长颈鹿安装项圈

清楚长颈鹿皮肤病的原因、高病发区以及传染性。有了这些神奇的项圈，我们不用每天都在野外跟随这些害羞的动物就能搞清它们的行踪。"

拯救大象组织在使用项圈方面也有丰富的经验，研究员埃斯塔把他们项圈的系统展示给我们看："这就是我们正在使用的监测软件，里面显示了所有安装了项圈的大象的分布。我们现在所要做的事，就是每天打开iPad，看看有哪头象在朝我们这里走来，当它走向村落的时候，我们就可以提前采取行动，防止大象闯入对村落造成破坏。"

今年6月开通的蒙内铁路穿过察沃国家公园，也穿过了大象等野生动物的迁徙路线，在铁路修建过程中，GPS项圈起到了重要的作用。野保组织通过GPS项圈研究动物迁徙路线，发现最初动物并不适应工人给它们修建的专用通道，出现在铁路旁徘徊、攀爬铁路、踩断电网的情况。在野保组织的建议下，建筑公司同意在蒙内铁路二期内马铁路修建时尽量避开GPS项圈记录下来的动物迁徙路线，并设计合适的动物迁徙专用通道。同时GPS项圈也给大家带来了好消息：动物们已经在逐渐学习使用这些特殊通道，随着时间的推移，蒙内铁路给动物迁徙带来的影响会越来越小。

尽管GPS项圈给野保工作带来了极大的便利，更多需要GPS项圈的野保组织却因为其高价望而却步。内罗毕大学出身的工程师迈克说："GPS项圈很棒，但我们几乎不会考虑用它们，因为GPS项圈的价格不是一般的高，单个项圈所花费的费用就高达几千美金，很少有组织能负担得起这样高昂的费用。"

究竟是什么原因让其貌不扬的项圈如此昂贵？

　　和普通 GPS 设备不同的是，GPS 项圈对质量的要求十分苛刻，而且电池本身的续航能力也要够长。一个车载 GPS 没电时，你所需要做的只是把它插上插头充电。但 GPS 项圈不可能在非洲草原、热带雨林或者高原环境下自主充电。所以亨里克使用的是可以承受极端环境、重量轻而不会影响到动物生活的特制锂电池，这些电池可以做到在不用充电的情况下持续使用数年。

　　项圈本身的质量也一定要够高，在野生环境下，碰撞、浸水、沙尘影响都是需要考虑的基本因素。除了自然破坏的威胁，承受高压电流冲击也在制作项圈的必要考虑范围内。在非洲，城市的边缘地带都会设置防动物闯入的附带电网的栅栏，如果动物无意触碰了电网，动物通常只是短暂的麻痹，不会受到太大的伤害，但项圈却会因为电流的冲击失去功能。

　　另外，我们了解到，亨里克的公司提供项圈时基本都不是单独提供项圈，通常会附带人工测试并安装项圈以及使用过程中的维修服务等。"单独的项圈价格其实不是很高。但你必须要知道如何追踪这些动物，如何让它们不在安装过程中受到伤害，如何把这些项圈固定在它们身上。而且，安装项圈需要前期测试，安装过程中需要交通工具如直升机，需要麻醉药，需要安排人员如兽医照顾被麻醉的动物，等等。这些价格都不菲。"

　　尽管如此，项圈给野保工作带来的价值还是远超过了它的价格，越来越多的野保组织开始使用 GPS 项圈。GPS 项圈可以说是重新定义了科技与自然的和谐。

　　当我们雄心勃勃地问起 GPS 项圈未来的发展时，亨里克却给了我们出

◎亨里克在展示废弃的 GPS 项圈

乎意料的答案："我从来不认为 GPS 项圈会有巨大的市场，因为我真心希望未来有一天人兽冲突这些问题都能得到解决。我制造项圈不是为了让所有动物都戴上项圈，而是希望有一天所有的动物都不必戴上项圈。"

7. 当商业"入侵"野保：
公益和商业真的不兼容吗？

◎户子航　潘可心　徐晶晶

澄澈的蓝天，辽阔的草原，悠闲自在的斑马羚羊，高冷而威严的狮群，明星般的镇区之宝犀牛，以及大象、黑猩猩等珍贵的野生动物，构成了非洲肯尼亚奥·佩杰塔保护区令人神往的景色。

保护区因姚明的纪录片《野性的终结》而首次为众多国人所知，片中，

◎奥·佩杰塔保护区内

◎黄泓翔与北方白犀牛合影

最后三只北方白犀牛的故事触动了许多观众，甚至吸引他们来到这片原始而自由的土地。

　　而大多数人不知道的是，一套独一无二的商业模式，正如一台强大的发动机，推动着奥·佩杰塔的运营和发展。在这种模式之下，看似背道而驰的公益与商业巧妙结合，使得奥·佩杰塔成为野生动物保护领域的标杆。

　　英、葡殖民者的到来，把最初的奥·佩杰塔变成了一家大型牧场，为了保护牲畜，牧场人员驱逐了这片土地上所有的食草动物，觊觎牧牛的食肉动物得到的只有枪声。

商业模式：始终以野生动物保护为目的

然而这一切在 1970 年悄然改变。肯尼亚政府颁布了"禁止猎杀野生动物"的法令，同时索马里盗猎活动的猖獗令大象等野生动物不断南迁。如此一来，奥·佩杰塔的牲畜受到野生动物的威胁，经营成本大大增加，牧场利润也随之减少。

为此，奥·佩杰塔不断寻找出路，开始和占地 2000 多公顷的甜水保护区合作，通过开展犀牛旅游项目来增加收益。2004 年，通过野生动物发展旅游业获得的单位土地价值逐渐超过牧场，且旅游业因为其不稳定性需要牧场提供"过渡资金"，奥·佩杰塔正式将二者融合，形成以发展野生动物保护为目的的旅游业为中心，以畜牧业为辅的保护区。

犀牛是奥·佩杰塔标志性的物种，其商业化管理模式下的犀牛保护工作也收获了捷克人的青睐。于是 2009 年，世界上最后 3 只北方白犀牛漂洋过海，从捷克来到了它们的新家——奥·佩杰塔。除此之外，奥·佩杰塔拥有东非最多的黑犀牛，2016 年已经达到 114 只。同时，非洲五霸（狮子、大象、豹子、犀牛和水牛）也在这里悄然聚集。

珍贵的野生动物资源意味着奥·佩杰塔必须筑起固若金汤的安保系统来防御盗猎者。这里的安保团队先由政府招募，后由奥·佩杰塔雇用，他们每年需要接受三次来自英军的训练。24 小时的安保系统需要先进的装备支撑。德国自动步枪、无线电监测系统以及近几年成立的 K9 部队（警犬），奥·佩杰塔安保人员在硬件设施上完全超过了偷猎者。

2017 年三月份，莱基皮亚郡饱受干旱之苦的马赛部落放牧人和其他游

◎奥·佩杰塔社区居民

牧民族为了水源和草场入侵了当地的私人保护区，在遭受驱赶后烧毁保护区旅馆。激烈的暴力冲突导致两位野生动物保护专家被枪击，一位不幸去世。当动荡的烟云笼罩着其他保护区时，奥·佩杰塔却没有受到打扰。这是因为"奥·佩杰塔是肯尼亚安保做得最好的地方，凡是侵入者都会被视为盗猎者，等待他们的只有训练有素的军队甚至冰冷的子弹"，所以没有人敢轻易冒犯。

奥·佩杰塔的野保发展需要通过商业化的运营模式来获取充足资金，这自然离不开商业化的组织结构和自如运转的资金流。

在 CEO 理查德的带领下，各个部门像发动机的各个组件互相配合、高效运转。其中旅游、农业和筹款这三大部门支撑起了奥·佩杰塔的主要资金来源，这些收入将惠及人力资源、物资、销售、财务管理等部门，其中收益最多的是野生动物保护和社区发展两大部门。

旅游业是整个奥·佩杰塔最主要的资金来源，占比高达 55%；其次则是占比 29% 的畜牧业，而捐赠只占了 8%。奥·佩杰塔"获得的每一分钱都会回流到野生动物保护和社区发展上"，这时，整体支出则可分解为 70% 的员工工资，15% 的设备运行维护，以及 15% 的其他方面。

旅游业：奥·佩杰塔商业模式的成功典范

旅游业一直是奥·佩杰塔收入来源的中坚力量，近五年内的平均盈利占比更是高达 70%。除了赤道线、犀牛墓地、河马丛林等免费景点之外，旅游部门从五年前陆续开发出七种额外收费项目——夜间游猎、参观北方白犀牛、狮子追踪、丛林徒步等，每项收取 40 美金，这使得奥·佩杰塔在收取门票费之余实现收入的大幅增加。其中，黑猩猩领养项目运营得最为成功，五年收益持续增长，奥·佩杰塔也将尝试把"领养"运用到犀牛身上。

尽管外国游客数量持续波动，但由于他们支付的门票费更高，所以他们依然是最重要的市场。当地居民市场对奥·佩杰塔来说却是个问题，游客数量保持稳定却始终无法突破 10000 人。对此旅游部经理安妮可表明，他们在 2017 年开始尝试用"会员制"鼓励当地居民和肯尼亚市民来到奥·

佩杰塔，未来还会加入积分制。奥·佩杰塔也通过发展设施建设提升导游素质及建设迷你展馆来增加游客数量和造访次数。

学生是奥·佩杰塔十分重视的群体，"因为他们是肯尼亚的未来"。奥·佩杰塔希望他们可以在这里学到野保知识，甚至参与野保工作。安妮可表示，"奥·佩杰塔也是学校，是在为学生的自然教育设计课程"，他们提供了诸如当地社区学生免费参观等福利鼓励学生了解野生动物保护，同时，国际学校的学生会被收取较高的费用来为本地学生的免费制度"买单"。

奥·佩杰塔在通过旅游项目获取资金的同时，力求向大众，尤其是向

◎观赏动物

下一代传播野保观念和知识。这和一些普通的保护区或是国家公园有明显区别。CEO 理查德表示，"如果你去一般的肯尼亚国家公园参观，你会支付门票，坐着巴士参观各个地方，幸运的话可以看到野生动物，然后你就离开了。而我们想创造一个机会，可以让人们更多地参与到野生动物保护的实际工作中，对此有更深的体验。"

畜牧业：风险中的稳定现金流

虽然旅游业是收入来源的核心，但旅游业很容易受到诸多因素影响。而畜牧业则为奥·佩杰塔提供了相对稳定的现金流。

畜牧业采用"牲畜借贷"模式，在奥·佩杰塔的 7000 多头牛中，有 1500 头牛是周围的居民"贷"给牧场的。将养大的牛卖出后，奥·佩杰塔会从售价中抽取 10%（约 40 美金）和每个月 5 美金的管理费用，剩余利润归还居民。得益于奥·佩杰塔更丰富的牧草资源和专业的技术，饲养后的牛往往可以卖出双倍的价格。2016 年，在肯尼亚举办的"家畜育种家大赛"上，奥·佩杰塔的母牛萨娜雅，从来自非洲各地的竞争者中脱颖而出，夺得青年组冠军。除此之外，奥·佩杰塔当年还在该比赛中斩获另外 9 个奖项。

奥·佩杰塔为了实现野生动物和牲畜和谐发展，不会轻易扩张牧场和增加牛的数量。他们采用了通过牛群改善草场的方法：利用围栏限制牛群休息区域，聚集牛粪，两个星期后转移牛群。在肥料充足的情况下，一旦降雨来临便会长出优质的牧草，吸引野生动物前来，还能巧妙引导野生动

◎世界上最后一只雄性北方白犀牛"苏丹"

物移动形成"热点"。

捐款：我们不依赖，但是欢迎

和大多数同类组织靠社会捐款维系不同，近年来，奥·佩杰塔力图摆脱对捐赠者的依赖，其通过筹款获得的资金占比不断减小。这和他们想要形成一个自给自足的可持续发展模式是分不开的。对此，CEO 理查德表明："一个可持续发展的模式需要做到不依赖政府补贴和外界捐赠。"

一方面，这样有利于摆脱捐助方的"枷锁"。奥·佩杰塔的捐助有90% 来自于大型基金会。基金会在捐助的同时会提出特定的要求，捐助者都有自己所想要捐助的项目，而这些项目不一定有资金缺口，这会在一定

程度上影响奥·佩杰塔的野保事业。

另一方面，这么做更具有政治合理性。"相较于筹款，我们在发展自己的商业模式上投入更多，从而尽可能提高产能。能被政府接受对我们来说最有利。如果一个国家人口在不断增长，又急需土地资源时，把更多的土地分给野生动物，在政治上是不被接受的。所以，创造一个能使土地高产，能收获可以承担税收的收入，同时也能创造就业的运转模式才是政治合理的。"

当然，奥·佩杰塔并不抵触捐款，对运营成本极高的保护区来说，捐款可以有效填补资金空缺。奥·佩杰塔欢迎想要为野生动物保护做出贡献的组织或个体进行捐赠。

社区发展：通过满足人的需要，为野生动物保护筑起护城河

奥·佩杰塔的野保事业离不开周围社区居民的拥护和支持。

"社区就像我们的围墙，是偷猎者面对的第一个关卡。"

为了满足居民需求，奥·佩杰塔设立了社区发展部门，为当地的18个社区带去教育资源、医疗资源、能源等各方面的帮助。同时，奥·佩杰塔也提供了许多工作机会，这里的1000多个员工中40%来自周围社区。这对极难获得正式工作的居民来说，无疑是巨大的生活支撑。

农业是社区发展项目中最重要的一环。奥·佩杰塔会派出专业的工作人员，深入社区进行蔬菜种植的技术教学。当地一所中学农场的奥·佩杰塔工作人员说，他会每两周更换一个学校教学，也会去给社区的个人教学，

奥·佩杰塔和周围学校这样的合作已经有 14 年了。社区发展部主管南希告诉我们："我们不是简单粗暴地施舍食物，而是追求可持续发展的长期互惠。"奥·佩杰塔的社区发展工作也面临着诸多挑战。一方面是资金短缺。社区发展往往得不到大多数捐赠者的关注，而与此同时，各个部门之间又会恶性竞争，从而造成资金的不均衡分配。另一方面则是人兽冲突，例如，大象常进入农田偷食和破坏作物。正如南希所说："当地人把我们看成政府。以前他们看到野生动物靠近会选择射杀，而现在，他们选择第一时间联系我们，我们会立即来到现场驱赶动物。"

奥·佩杰塔的商业模式，可以总结为："在保障野生动物的前提下，实现自给自足的可持续发展，同时带动社区发展和国家经济增长。"而这也是奥·佩杰塔一直想要实现的愿景。作为"肯尼亚经济发展和就业增长的引擎"，奥·佩杰塔向大家展示了商业模式如何支持野生动物保护。奥·佩杰塔的模式也正在被肯尼亚许多其他的保护区所模仿借鉴，野保商业化这个模式正在拓展到周边区域，从点到面，在广袤的东非土地上开花结果。

8. "拯救大象"的首位非洲科学家
肯尼亚的部落领袖卡辛迪

◎吴安睿

> 大量的野保工作者认为，人类的扩张，势必导致野生动物家园的减少。但是，不同于一般的西方野保人士，作为酋长之子，带有非洲传统部族深刻烙印的肯尼亚野保科学家卡辛迪，认为人和野生动物可以共存在同一片家园。
>
> ——题记

◎卡辛迪

"有天我会回到我部落的人们身边。"卡辛迪手扶方向盘，深沉地说道。越野车行驶在非洲一望无际的草原，金黄的落日逐渐染上卡辛迪咖啡色的皮肤。

卡辛迪来自肯尼亚最勇猛的游牧部落之一——桑布鲁部落。作为部落领袖的长子与新一代领袖，与其二十多名兄弟不同，他是家族唯一接受了现代教育的成员，在英国完成生态学及多个野保相关学位，是著名国际野保组织"拯救大象"的首位非洲科学家。

虽然拥有着社会精英阶层的身份与地位，但卡辛迪对自己部落传统文化的坚守，流露在每一个细节中：坚持着传统的生活方式，坚持对动物的崇拜和热爱。

传统的部落文化背景和野生动物保护热情在卡辛迪身上交织出复杂的状态。与许多单纯的野保工作者希望人类和牲畜远离野生动物不同，卡辛迪追求的是人与野生动物的共存。

莱基皮亚人兽冲突血案

"人与野生动物生活在同一片空间，冲突就不可避免。"克雷·米勒是肯尼亚一个私人保护区的安全总监，在去年末由莱昂纳多·迪卡普里奥制片，并参与奥斯卡角逐的纪录大片《象牙游戏》中，他忧心忡忡地说道。影片上映不久，肯尼亚私人保护区集中的莱基皮亚地区，一场相关冲突便爆发了。

人兽冲突，往往是人类经济活动与野生动物生存互相带来困扰的循

环：人类过度放牧，开垦山林使野生动物栖息地被入侵；而当野生动物靠近人类生活区附近时，庄稼会被毁坏，牲畜会被攻击，给人类带来经济损失。

根据肯尼亚法律，国家公园内禁止放牧。但70%的野生动物都生活在国家公园以外的私人所有土地上。广袤的私人土地有一些为野保人士所有，即私人保护区，不放牧，野生动物在里面自由生活，通过吸引游客赢利；有一些是肯尼亚本土居民拥有，他们在这些地方放牧，而野生动物也会出现在他们的土地上。

从2016年10月至今，肯尼亚由于持续的干旱，已有超过一万名以桑布鲁部落为主的武装牧民驱赶着数十万计牲畜持续入侵莱基皮亚地区的私

◎凯西哥地区大象迁徙

人保护区放牧，并与当地人和野生动物发生诸多暴力冲突，学校被迫停课，酒店甚至被牧民烧毁。

"对视牛羊为生命的桑布鲁人而言，我的牛羊要吃草，你这里有草，所以我在你这里放牧，就这么简单。"珍·古道尔研究所在肯尼亚的项目主管阿伦说。尽管有包括国际人道救援组织 CARE 在内的国际机构一直试图引导游牧民族卖掉一部分牛羊以有效地管理牲口，防止草场枯竭。但牧民并没有卖掉牛羊获取金钱的传统——牛羊才是他们财富与地位的象征。

阿伦认为是有限的教育水平致使牧民不懂得私人保护区与其他土地所有权的区别，从而导致了冲突。然而事情似乎并非这么简单，卡辛迪便是最好的例证。接受了良好现代化教育的他却在这一事件上鼓动部落同胞采取武力。

"不是说放牧会影响来看野生动物的客人吗？酒店烧了就不用担心有客人啦。"卡辛迪对于莱基皮亚事件的态度与多数野保人士不同。身为野保科学家的卡辛迪会不加掩饰地讲述他杀死过三头袭击家畜的狮子的经历——对牧民来说，杀死威胁家畜者，不是选择，是必须。而在现今大旱的肯尼亚，威胁家畜生命者，只不过从狮子变成了拥有着私人保护区的人与野生动物。

"如果狮子杀死了我们家的骆驼，我只能去杀了这头狮子。"卡辛迪说。然而，如果单纯把卡辛迪看成游牧部落传统的代言人，那便错了。在野保工作中，卡辛迪身份背景的独特为他带来了其他人都难以取代的优势——对于部落文化的深刻理解。

◎卡辛迪和他的朋友麦克

"你不能与整个社区为敌"

卡辛迪目前带领着肯尼亚野保组织"非洲野保联盟",负责凯西格地区野生动物保护问题。位于肯尼亚东部的凯西格地区是众多野生动物活动迁徙的走廊,人兽冲突严重。它连接着肯尼亚著名国家公园东察沃与西察沃,如果这里没有一套保证野生动物生存安全的措施,动物的活动路线便会被切断,两个国家公园也将不复存在。

卡辛迪有着一套与肯尼亚野生动物管理局以及诸多野保组织截然不同的工作方式:肯尼亚野生动物管理局等组织发现盗猎者后,往往会直接把盗猎者抓捕归案送进监狱。而卡辛迪则通过教育和给予盗猎者改变自己的机会,并借助他们改善整个社区村民的野保观念,以整体提高该地区的野保状况。

◎组装中的太阳能防兽灯

　　卡辛迪从凯西格地区各个村落招募了八位丛林守护员日夜巡逻，防止过度放牧与盗猎行为。当地人无条件地信任这些来自自己村落的护林员，提供他们有关盗猎者的情报。护林员班森一周之前被村民告知附近市场有人在售卖丛林肉，他把这一情况反馈给卡辛迪后，卡辛迪告知了卖肉人捕捉野生动物并售卖的严重非法性。依照相关法律，他和其他盗猎者最高可被判15年监禁。但卡辛迪没有这样做。作为宽恕他的条件，售卖者当场把丛林肉冲进下水道销毁，并供出了六名参与此次盗猎的同伙，签下保证书承诺将不再参与任何丛林肉的盗猎售卖，同时加入反盗猎队伍，为法律意识极淡薄的村民普及猎杀野生动物的违法性和相关法律知识，向护林员提供盗猎售卖丛林肉活动的情报。之后有招募护林员的需求时，卡辛迪也会优先考虑这些曾经的盗猎者。

"你面对的不是一个个独立的盗猎者，而是他们来自的整个社区。永远不要与一整个社区为敌。"卡辛迪成长于部落集体的经历使他深深理解这一点：对于野保组织来说，盗猎者个体是一名罪犯，然而对于村民来说，无论如何他都永远是他们的一员。盗猎工作需要多人的配合和掩护，并非个人行为，而是社区集体性的行动。把一名盗猎者送进监狱带来的将会是整个社区村民的仇恨与警惕，而从此之后不再可能从村民口中获得任何有关盗猎的信息，反盗猎工作将寸步难行。因此，与社区建立友善关系至关重要。

车子经过一个村落时，一群孩子在村口玩耍。卡辛迪走上前询问他们为什么没去上学。孩子们围着卡辛迪，一个个叙说着自己欠了多少学费。卡辛迪发给他们糖果，孩子们雀跃着一哄而散。"至少这样，这些孩子在今晚睡前想的不会是我因为贫穷失学了，而是我下午遇到一个外面来的叔叔，他关心我们。我希望这个社区的村民感受到我想与他们成为朋友。"

"我的心愿，就是野生动物永远安全地留在这里与村民共同生活。动物吸引游客，游客带动经济，经济改善贫穷，贫穷成为过去。"离开村落的路上，卡辛迪说。野生动物保护于他而言，从来不是一个简单针对野生动物的问题，人类与野生动物如何化解冲突，和平共处，才是他从始至终的思考。

太阳能防兽灯：人兽共存实验

对于如何解决人兽冲突，各个野保组织都在进行尝试，例如马赛部落男孩发明了吓退狮子的防狮灯，"拯救大象"发明了蜜蜂防象围栏，以及利用安全电流铁丝网防兽等方法。卡辛迪和他的朋友迈克在这一领域也进行着自己的探索。

卡辛迪和迈克研制的太阳能防兽灯灵感来源于马赛男孩的防狮灯。由于动物大多天性惧光，尤其是夜行动物，因此看见灯光便会绕行。他们利用肯尼亚的地理位置接近赤道的特点，使防兽灯白天接收太阳辐射能，并在夜间转化为电能输出，使灯光保持规律地闪烁，以防止狮子攻击家畜，大象破坏农田。

在卡辛迪看来，太阳能防兽灯是目前防止大型野生动物袭击最好的方式之一。首先，平均一户250美元的材料成本远低于蜜蜂围栏与电流围栏上千美元的造价。其次，相比蜜蜂围栏由于干旱难以吸引蜜蜂，传统防狮

◎眺望远方

灯无法在不通电的农村使用等操作困难，太阳能防兽灯都优势显著。

卡辛迪在夜间造访了大象迁徙必经之路上的一家农场。农场主克里斯在去年安装了太阳能防兽灯。克里斯曾经需要在晚上雇用8—9个人夜间巡逻，甚至每晚在专门搭建的树屋上守夜。而自从安装太阳能防兽灯后便无须这样烦琐的劳力了。如今只有环绕农田数十盏闪烁的太阳能防兽灯守护农田。

最初克里斯并不相信太阳能防兽灯能够真正防象。但过去大半年里，他的农场附近确实连一个大象脚印都没有找到。克里斯告诉我们，另一户去年安装了防兽灯的农户，在持续一段时间未遭遇侵袭后认为大象不会再来，便在一个夜晚关闭了防兽灯。但就在当晚，大象便袭击了他的农田并毁掉了所有庄稼。

克里斯家的灯围栏覆盖了近3英亩地，大象往往不会靠近灯以外60英尺的区域。因此，这片农场现在欣欣向荣，种满了农作物。而安装防兽灯之前，这里几近荒芜。克里斯家作为附近唯一安装了太阳能防兽灯的农户，也成了去年该片区内唯一一个因未受大象攻击而获得了收成的农户。

"狮子和大象可能会更饿，但至少他们会变得更安全。"卡辛迪说。越野车继续在夕阳下的非洲旷野上颠簸前进，卡辛迪离开驾驶位，坐上汽车顶棚。顺着他手指的方向看去，牧民正在放牧牛羊，而旷野的另一侧便是成群的水牛和斑马了。"你看，他们可以一起生活。"卡辛迪望着他看了四十多年依旧欣赏不尽的草原落日，缓缓地说。

9. 遇见肯尼亚艺术的另一种可能

◎刘天仪　高胜寒　孙玉铖

对于非洲传统艺术，特别是肯尼亚当地特有的艺术形式我们往往有着一定的误解，认为这里只有大量的古玩（curio arts），也就是常被西方称为旅游纪念品或机场伴手礼的艺术形式，例如木雕、面具、马赛珠等。然而，艺术之于非洲，除了历史类博物馆收藏的非洲文物以及我们常会购买赠送亲友的传统艺术品之外，还有另一种可能——当代非洲艺术。

走进非洲当代艺术

当代艺术在非洲通常泛指非裔、非籍的艺术家创作的绘画、版画、雕塑、摄影等。它不同于那些侧重部落文化、狩猎种植、野生动物和鬼怪传说等表达自然本性的非洲传统艺术，更多通过新颖的表现形式展现非洲年轻一代的感知思考，注重作品背后的内涵性而不只是视觉美。作品主题包括了身份认知、政治讽刺、社会问题、自然风物和日常生活等。

早在1920年，非洲似乎就出现了当代艺术的痕迹：比利时摄影师乔

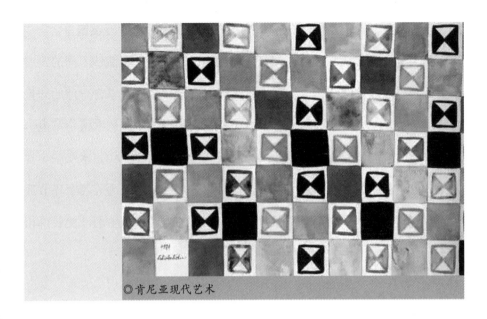

◎肯尼亚现代艺术

治·西里在非洲中部刚果共和国旅行时无意间发现了一个当地小裁缝惊人的绘画天赋。由于绘画材料的限制，小裁缝用最简练的笔触，将自己脑海中的世界画满了自己的墙面。摄影师于是从欧洲买来画布和颜料供他画画。这个小裁缝就是著名艺术家迪拉唐多，他虽然没受过科班的美术教育，但他的水彩画却能让人看到西方绘画中的抽象极简风格。

近年来，非洲的当代艺术逐渐受到更多关注：泰特美术馆、史密森尼博物院等知名机构纷纷将非洲艺术品纳为馆藏，并为其筹办大型展览，以非洲艺术为亮点的新锐艺博会也在不断萌生。近日举行的迪拜艺术博览会上，非洲画廊的数量比去年增加了50%，非洲艺术家的数量则增加了17%。苏富比拍卖行今年在英国伦敦举办的第二届非洲现当代艺术品专场拍卖会上，有14项拍卖纪录被打破，成交额累计超过180万英镑。

但在整个非洲大陆，各个国家之间的当代艺术呈现了截然不同的发展态势。例如南非首都开普敦拥有世界顶级画廊群，并且有享誉全球的开普敦艺博会，非洲大陆最大的艺术博物馆——塞茨当代非洲艺术博物馆也坐落于南非。而尼日利亚作为非洲第一大经济体，与世界当代艺术联系非常紧密，对艺术家的基础教育、政策扶持以及艺术品市场流通等各个环节都受到西方影响。可以说，南非和西非一些国家的当代艺术生态已发展得相对成熟，与东非拉开了一定距离。

肯尼亚当代艺术发展现状

肯尼亚作为非洲高速发展的国家，每年因野生动物吸引了超过八万名的中国游客，然而关注肯尼亚当代艺术的人寥寥无几。在全球媒体对非洲艺术产生极大兴趣的当下，东非地区国家的贡献常常被忽视，尤其是肯尼

◎肯尼亚当代艺术作品

◎肯尼亚艺术中心

亚。这一说法得到了内罗毕知名的圆环画廊（Circle Art Gallery）的创始人兰达的认同，她表示："南非等国的经济较发达，政府对于艺术产业扶持力度大，艺术教育的体系完备，有专业院校培养艺术家，而肯尼亚什么都没有，它确实不太受重视。"

在我们走访的肯尼亚艺术家中4/5的人未接受正规的艺术教育，修读的专业也和艺术无关。我们了解到，在内罗毕只有一所名为"布鲁布鲁美术院"（Buruburu Institute of Fine Arts）的艺术学校，规模为500人，毕业学生大都未从事艺术相关行业。此外，当地画廊屈指可数，本地藏家没有足够资金支持艺术爱好，而且肯尼亚艺术品融入国际艺术品市场的程度有限，这成为制约肯尼亚现当代艺术品实现更大价值、占据更广泛市场的因素。

可喜的是，肯尼亚有像巴雅巴画廊（Paa-ya-paa）、"守望"（Kuona Trust）和"传承"（Go-Down）这样的地方，它们类似于北京的798艺术区。

◎肯尼亚艺术中心

这些非营利组织并非由政府资助，而是由福特基金会、洛克菲勒基金会等国际组织提供支持。其中，巴雅巴画廊是肯尼亚历史最悠久的艺术区，创始者为"东非艺术之父"艾利姆·纳亚乌（Elimo Njau），这里曾为许多本土和海外艺术家提供了短期试验创作机会，其展出作品的风格偏向传统与现代相结合，但近年来因不符合主流市场在走下坡路。"守望"是年轻艺术家的聚集地，在这里工作的每一位艺术家都是经过筛选的，他们会参加这里不定期举办的研讨会来促进自己的创作。这里为该国现当代艺术家提供了创作环境和交流空间，至今已经有超过一千五百位艺术家在此工作过。可以说，它们是肯尼亚当代艺术区发展的群像缩影。

肯尼亚的当代艺术家们在创作什么？

如今，在西方的消费土壤下，本土成长的艺术家们正呈现出多元的发展态势，他们拥有不同的成长背景，却以独特的创作风格和思想内涵丰富着肯尼亚当代艺术。

　　我们有幸在"守望"见到了三位风格各异的艺术家,并与他们做了深度的探讨。他们的作品风格和媒介使用迥异,但能在微小之处发掘到共通点。一方面,他们的作品融入了全球一体化大背景下的创作中,他们乐于接受外来文化和新技术,与世界当代艺术界互相渗透;但同时,他们也保留了自己独特的非洲印记。

　　他们的作品主题丰富,不仅有童年回忆,也有关注男女平等、选举公平、城市化进程、政治事件、环保公益等各种对本土和全球社会问题

◎肯尼亚现代艺术画作《人心》

的思考。表达方式上，他们更热衷于尝试不同的媒介，例如皮革、混合材料等。

约翰·西尔福（John Silver）被许多人称为肯尼亚的希罗尼穆师·博斯（15世纪著名的荷兰画师），但不同于博斯，宗教和象征性的叙述并不是约翰作品的主题。约翰主要通过夸张、扭曲的线条讲述事实，揭示了当代社会问题以及人性的本质。在画作《人心》（The Mind of People）中，女人的头颅变成了酒杯，手中托着鱼和蜘蛛，头脑被食物占据，女人身下的交通工具是一个人力独轮车。约翰说，这幅画象征着人的本质就是满足自己的私欲，人们只关心吃喝，不关心其他人。

奥吉诺斯·纳吉拉（Onginos Najila）在近期的创作中倾向于以纸张为媒介、以半立体构成方式呈现作品。他将具有平面感的纸张转变为具有立体感的作品，通过折叠、切割、拉引做出抽象形态的造型，运用颜色的对比突出图案形状。

在2016年纳吉拉于内罗毕举办的个展"神圣的技艺人"中，他讽刺了传统手艺与信仰正在被人们所消费。在该系列作品中，我们能够看到有肯尼亚本土手工艺人的形象、耸立的高楼以及各种为人所熟知的品牌广告。他试图通过这些碎片化的图案对比，来表达对消费社会中人们追求潮牌名牌并将其与日常生活割裂的思考，而本土"匠人"也因在这种大环境下仍坚守着民族传统而熠熠生辉。

罗根·弗兰克（Rogan Frank）将自己的作品称为实验艺术，即作品多充满"尝试"与"待检验"的状态，更多注重表达的手段而非内容。在最

新创作的系列作品中，他将牛皮作为原材料，通过在皮料表面上以"点画"的灼烧方式来完成绘图。艺术家通过作品想要探讨的主题是自然天性的扭曲，这也是对当下争议话题的深入研究。

起初罗根选择在纸上完成图像创作，但同时他也在思考寻找一个全新的手段，并且以"感觉"为主导考量这种手段与其内容的契合点，最后决定用牛皮作为媒介进行大量创作。为什么是皮革？艺术家说这并不是一个偶然的选择，而是他通过研究动物被宰杀用于商业目的，如制作现代服装而剥去动物皮的过程所得。事实上，艺术家认为这个过程本身就是一种扭曲。他通过在皮革表面灼烧，来象征这种扭曲自然的行为所带来的疤痕，而皮料有其自身独特的性格，与之接触时的触感对于这位艺术家而言是最直观的情感体验，这使他在创作过程中能够与媒介产生对话，在"互动"中完成最佳的作品呈现。

在处理作品主题时，通过描绘身体姿态弯曲佝偻的男性，艺术家试图展现人类是如何屈服于他的男子主义并任由其从内心深处摧毁他自己，即便是用力地隐藏也无法掩饰这种男性化的力量。另一方面，许多女性都认为她们需要具有侵略性与攻击性才能更好地适应现代社会，在劳动力市场上获得竞争力。因而在另一幅试图摘除乳房的作品中，女性形象呈现出挣扎的状态，象征着女性在社会中所遭遇到的窘迫，一种迫不得已去消除自身原始女性气质的冲动。而正是在这样的实验过程中，艺术家意识到了当下社会中的"扭曲"，而我们也一同亲历着社会所需要的女性与男性的平衡关系的逐渐消失甚至逆转。

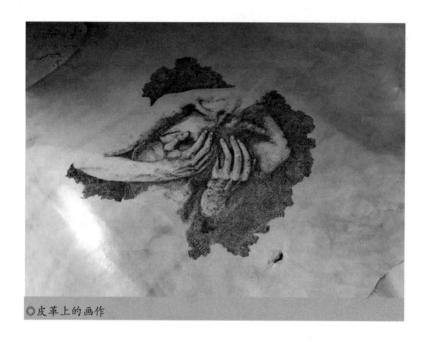

◎皮革上的画作

结语

"现在肯尼亚当代艺术的价值被远远低估，市场上升空间巨大。"虽然发展相对落后，但肯尼亚艺术家也与其他国际当代艺术家共享属性，将本国乃至世界的政治问题和社会现状，以独特的方式，如特殊的媒介、戏谑的主题和丰富的造型来表达观察角度。

我们有理由相信，肯尼亚的当代艺术作为东非代表，一定会走进更多人的视野中，并带着更多可能性来到中国。正如艾利姆·纳亚乌所提到的"巴雅巴精神"——慢慢来，我们总会到达（pole pole tutafika）。

第四章

遇见非洲，
理解世界，
找到属于我们自己的路

1. 原来，做了这么多年野保，
最触动我的不是动物，是人

◎黄泓翔

野生动物保护培训营是中南屋最早开发的几个项目之一，其实初衷源于我曾经的卧底调查：在非洲象牙市场做调查报道，发现象牙贩子们都热情地招待自己；在国际会议上，发现外国人对中国人有很多误解，觉得中国人都不热爱野生动物；在肯尼亚见到做野保的当地朋友，对方说"天啊，你是我见过的第一个做野保的中国人"；在坦桑尼亚的机场海关，跟海关警察说，我是做野生动物保护的，那个警察像听了什么很好笑的笑话一样，大笑起来……

我那会儿心想，应该让中国青年更多地参与到国际野保工作中来，让我们更了解世界，也让世界能正确客观地看待我们中国人。

于是中南屋的野保调研项目就这样诞生了：引领着中国的青年，走进非洲肯尼亚，跟着真正做实事的国际野保组织工作者一起，深入盗猎频发的草原和社区，了解巡逻员如何冒着生命危险与盗猎者作战，目睹大象如

◎剪铁丝网活动

何因为亚洲对象牙的贪欲而濒临灭绝，学习 NGO 如何通过创造替代性生计方案的方式影响和改变社区居民的观念，用自己筹到的钱帮助社区修建太阳能灯做的防象围栏，减少人象冲突，增加人与象和平共存的可能。

然后，当青年回到中国，他们写文章来分享所看到的非洲野保故事，他们成立社团来传播野保观念，他们通过众筹来支持肯尼亚的 NGO 工作。通过这样深度的参与和学习，本来不知道野保是什么的中国青年变成了会回家教育开玩笑让自己带象牙筷子回去的家长的野保主义者，本来不知道怎么做调研和项目的孩子变成了知道如何发起项目，如何为自己寻找机会，如何与人去沟通和协作的青年。

　　提到非洲，好多人都会想到野生动物以及野生动物保护，现在因为非洲逐渐受关注，许多机构都以野生动物保护为名组织非洲的项目，但是，野生动物保护，到底是做什么？

　　野生动物保护，并不是整天给动物喂食、抚摸动物、和动物自拍，相反，你可能很久都见不到动物，见到动物也要保持距离，像一个真正的野保工作者一样；野生动物保护，并不是就拿着狙击枪，在草原上巡逻，与盗猎者作战，其实大多数时候，你很可能在思考如何筹款，在研究如何写更好的科普文章，或在借助自媒体平台讲好非洲故事；野生动物保护，并

◎厄瓜多尔的海滩

217

不是只跟动物有关，只要喜欢动物就可以，相反，你需要了解人，在乎人，去想怎么样让社区居民来保护野生动物而不是去猎杀它们，如何让远方的消费者了解非法野生动物制品贸易的残忍，并且抵制那些看上去很美丽的象牙、犀牛角装饰品。

栖息地保护，科研，反盗猎，反走私，筹款，野保宣传，社区工作，教育……这一切都是野生动物保护这个主题下包含的课题。为了做到这些，有很多不同类型的野保组织各自在这个生态系统中去承担自己的角色。

大家有可能会问，为什么中国青年要来非洲做野生动物保护呢？短短十天的旅程，你真的能保护野生动物吗？

对野生动物的热爱与憧憬，可能是你要来非洲做野保活动最直接的理

◎中南屋的学生分享自己的调研成果

由吧。我们遇到好多中国学生都很热爱动物，但是在中国平时很难见到野生动物，最多也就是做做照顾流浪猫狗的志愿者。而来到非洲，他们终于看到了一望无际的草原和夕阳下的金合欢树，终于看到了角马、斑马奔腾的生命大迁徙，终于看到了狮子的矫健、大象的伟岸和猎豹的隽秀……

为什么要来非洲？估计对于很多人而言，只是因为非洲就在那里吧。

值得一提的是，我们的很多学生也不是纯粹因为动物而来，他们更多追求的是远方的世界和一份真正的国际视野与社会责任。与非洲人对话，与国际组织座谈，通过泥泞的道路真正到达非洲的乡村，见证一个个过着传统国人难以想象生活的人以及他们精彩的故事，终于发现，原来世界这么大，原来人生可以是那个样子，并不是一定要找一份朝九晚五的工作，去为了房子和车子而操劳一生。

看到了远方，还要看到怎么去抵达。通过学习资料查找和定性定量调研方法，学习如何和人沟通尤其在跨文化传播环境里与陌生人沟通，学习如何去发起一个项目，学习如何写作好一个故事，学习如何去跟别的团队合作实现单枪匹马无法触及的目标，这些都是我们看到中国青年在肯尼亚的成长。

我们一直觉得，国际视野、世界公民意识、社会责任、独立能力、调研沟通以及做项目的能力，这些东西才是让我们的学生真正走进国际名校、开拓自己人生的关键，而不是那些国际组织认证的证书或者高大上的联合国合影，这也是中南屋做非洲野保营一直坚守底线、不做挂着野保名义的生态旅游团的原因。拒绝走马观花式的参观之旅，拒绝没有与踏实项目结

◎拒绝购买犀牛角活动

合的空谈，拒绝自娱自乐地以一个内部成果展示会来结尾，这些都是我们为我们的野保项目骄傲的地方。

坦白来讲，对于一名中国青年，你来一趟非洲，年少力薄的你短时间内其实也帮不上野生动物很多——也正因为如此，才有不少人听到"要去非洲保护野生动物"就嗤之以鼻："你能保护什么？"但是，少年，其实你并不应该因此而停住脚步。今天的你，真的去努力了，为这件事情做出了一点点的贡献，并且埋下了善的种子，锻炼了你未来担道义的肩膀，这样就足够了。

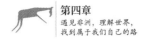

　　你的成长，你成长后可能去做的事情，以及未来你可能对身边的人带来的影响，才是你这次与非洲遇见的意义，无论对于你自己，对于非洲野生动物，还是说对于这个全球化的时代。

2. 一"眼"万年：
我和非洲的故事，刚刚开始

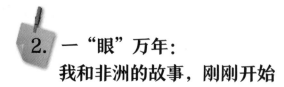

◎吴雨浓

"我叫雨浓，今年 20 岁，来自复旦大学新闻学院，今年春节，我没有回家，而是去了非洲的肯尼亚……"

◎纪录片《在非洲，遇见最后的北方白犀牛》开场航拍镜头截图

这是我的纪录片《在非洲，遇见最后的北方白犀牛》中旁白的第一句。我从没想过能在大二就有自己的一部虽然并不专业，但也算纪录片的小作品，更没想到这个小梦想会在非洲成为现实。

在非洲，我遇见了一群和我一样的同龄人，见到了世界上最后一头北方白犀牛"苏丹"的几乎最后一面。在非洲的故事似乎结束了，但好像还持续改变着我的生活。

偏见

我清楚地记得和父母提起要去非洲的时候，他们反复确认我是认真的之后，给了自我记事以来最强烈的一次反对。从来都是宠着我的爸爸，第一次认真的和我说："绝对不行。"在父母的眼里反对的理由可以很简单——非洲太乱了，你万一出点什么事情，我们受不了。

我和朋友说，我想去非洲看看，他们有的愣住，有的失笑，也有人会眼睛一亮，却也大多只是道："好酷！是不是可以看到很多动物！"

越是这样，我越是渴望到这片大陆，了解它、倾听它。非洲真的是他们想象的那样吗？在"不安定和动物"之下，还有多少民族的历史、人和自然的故事。我很好奇，非洲真的没有"安定"的时候吗？非洲朋友性格又是怎样的？非洲的动物除了《动物世界》里的模样，和人将会如何相处呢？中国人这样看非洲，非洲人又会怎样看中国呢？

非洲是一个未知的世界，常常带着异域的偏见。虽然不知道自己去了

◎在非洲的第一天，我就认识了两个可爱的孩子

会得到什么，又能做什么，却简单固执的只有一个理由，叫作想去亲眼看亲耳听。

初遇

毗邻内罗毕乔莫肯雅塔国际机场便是内罗毕国家公园，沐浴着清晨的阳光，站在围栏边的我们还有些恍惚，真的到非洲了吗？

"这估计是世界上唯一的位于城市中心的国家公园了，你们可以想象一下，在城市楼宇之间看到远处有长颈鹿在吃树叶。"黄老师饶有兴致地说道，紧接着自然是此起彼伏的"哇"和更加努力伸着脖子模仿着长颈鹿企图看见远处的动物，"啥也看不到哇！""只看到鸟了！"

　　叽叽喳喳一通毫无收获，彼时朝阳已缓缓升起，天空从黎明的深蓝到浅橘，至此已呈现出了清透的浅蓝色，偶尔飞过的一只鹰，也能引起一波激动。黄老师笃定地说："之后几天你们肯定能看个够的。"

　　乘车穿梭在内罗毕是最让我兴奋的事情，打开车窗清风舒适，看着内罗毕街头，绿色的植物包围着每一处墙头街角，还有黄色、白色、紫色和嫣红的小花，戴着耳机的年轻人走路仿佛也在踩乐点，穿着高跟鞋和包臀裙的女士挎着小皮包风姿绰约，偶尔看到正惬意跑步的人。

◎铁栅栏的另一侧便是内罗毕国家公园

◎清晨，国家公园里的鸟儿们正在树上唱歌

你可以感受到这是个喜爱足球的地方，可口可乐冠名的"大力神杯见面会"在街头广泛宣传着，西甲联赛的超大幅海报上 C 罗、梅西威风凛凛。英超决赛的那天晚上，人们聚集在商场外的大屏幕前欢呼，我们的司机师傅开着车也必须听着电台的实时解说。你还可以吃到有"酸毛巾"之称的埃塞俄比亚传统美食"英吉拉"，品尝独具特色的印度菜，还有中餐、西餐和本地餐皆有，只不过吃什么都得遵循着非洲的节奏——要么等待一两个小时，要么提早一两个小时预订。

这里是被称为东非小巴黎的内罗毕，并不是爸爸妈妈担心的样子。

◎车窗里拍到的"大力神杯造访肯尼亚"海报

◎在内罗毕品尝埃塞俄比亚餐"英吉拉"

心碎

直到真正见到"苏丹"之前，我都误以为与他的见面只会有激动人心罢了——这只世界上最后一只雄性北方白犀牛，已经年近高龄，活成了象征。

在离开保护区的前一天，我们去拜访保护苏丹的安保队。看着这些真枪实弹，大家都非常兴奋，只有程铭姐姐在刚结束的采访中，被金三角猎獗的猎杀野生动物的现状所震撼，她颓唐地坐在另一侧僻静处，红着眼发呆。就在我走过去看姐姐的时候，忽然发现她所面对着的那个围栏里，恍惚有一只犀牛的身影：

他移动非常缓慢，很多时候常常就是静止着的，而每一次开始要行走，都仿佛需要用尽浑身的力气去挪动一只腿，然后再是另一只腿，如此轮换着艰难挪动。

我们走近了看，惊讶地发现他的腿上涂满了绿色的药膏，且是大片大片的绿色，在他的左后腿上有一个近乎钟表大的伤口，在绿色药水没能覆盖的地方，暴露着红色的血肉。除了最大的一个创面之外，四肢和下腹还有数不尽的小创口。

透过围栏的缝隙看着苏丹，他的眼神还是平静祥和的，虽然每一步都

◎雨浓在奥·佩杰塔

◎与守卫交流的程铭、王淳 /
纪录片《在非洲，遇见最后的北方白犀牛》截图

很慢很慢，咀嚼草的动作也很慢很慢，如他的饲养员形容的"绅士"，可当我们真实面对着他，看着他超乎我们想象的"状况不好"，我们除了愣在当下无言悲伤，似乎什么也做不了。

和守卫交流了几句，才得知苏丹是因为太过苍老，之前在树林里觅食伤到了腿部，因为愈合能力太差，且又反复剐蹭受伤，始终没能痊愈；同时，因为腿脚实在支撑不住身体，苏丹时常趴着，一趴就是很久，也导致了伤口的不断发炎，越来越恶化……

这次见面是一次偶遇，也成了"最后一面"。我永远忘不了回到学校之后，一个周二的下午，照常要开始上课，却收到来自保护区的邮件，我们难以相信——在分别半个月后，苏丹以安乐死的方式，永远地离开了。

45 岁对于犀牛来说，就是一个白发苍苍耄耋之年的老人了，我总是忍不住在想象：他曾是自由奔跑在南苏丹草原上的小幼崽，也是经历过战乱年代偷猎者屠杀的幸存者，他曾跨越千里寄居在捷克王宫镇动物园，站在水泥地上幻想柔软的草原，也曾经历最后几个亲人去世的悲痛和重返非洲的幸福。

苏丹不仅仅是世界上最后一头雄性北方白犀牛，他更是北方白犀牛种群从繁荣到浩劫，一步步走向灭绝的见证者，他见证了人类的残忍，也感受了人类的爱和保护。如果保护濒危动物是"趁一切还来得及，能做一点是一点"，那么到底是谁，让这些动物一步步走向了濒危？挥霍了生命的是人类，不顾一切要挽留的也是人类，如果一定要用世界上最安全的安保

◎另外两只北方白犀牛

◎与上海 Zoo Coffee 合作了非洲野生动物摄影展，这也是我第一个自己的摄影展

和专业医疗才能保住最后一头白犀牛，那么又为何要扼杀一个物种繁衍生息的自由？

这种思考在我离开之后仍然持续不断地发酵着，非洲的日子越来越远，但是我们这群人好像"中了邪"一样，由苏丹开始深深烙下了印记。我们回到了中国的各个地方，分享会也开到了各个地方，我参加了南京先锋书店和上海 Zoo Coffee 的分享会，其他小伙伴的分享足迹也遍布广州、成都、西安等，甚至还前往了中缅边境调查野生动物制品的销售。

在分享会上，我为大家播放纪录片的时候，看着观众们沉浸在非洲的美景之中，也感动于和苏丹的"永别"。每一次结束都有许多朋友不断询问问题，他们对非洲充满好奇，对野生动物保护充满热情，虽然每一次来参与的人都有限，但每一次都让我感觉到可贵——我们好像信使，传来那片大陆的悲欢，让多一个人感受到与远方的"同呼吸共命运"，便能少一个人伤害动物坚持偏见，也能少一点可能让苏丹的悲剧重演。

架桥

非洲归来，除了参加分享会，和非洲有关的一切都开始以各种神奇的方式在我的生命中"发酵"着，不仅没有走远，反而渗透得更深刻了。

凡是和非洲有关的事情或消息，我似乎都会觉得充满热情。在 2018 年上海论坛做工作人员期间，我趁着间隙跑去听了《中非关系走向共同繁荣》圆桌会议，中国在非企业家和中非合作研究的学者与官员共聚一堂，我看到非洲这个古老大陆所带来的新希望。

3. 从远方到远方

◎刘璐茜

12月的波士顿，下午四点多天就黑透了，回到家看着点亮的圣诞树，泡上一杯热茶，此刻整理一下思绪也是对自己的一种交代。

可是我和非洲的故事该从哪里讲起呢？

我叫刘璐茜，目前在美国最古老的国际关系学院——弗莱彻学院（The Fletcher School）读研究生，方向是发展经济学和人类安全。四年前的这个时候我读大三，从复旦大学国际政治系去加州大学伯克利分校作交换生，刚开始觉得打开了新世界的大门，重新审视自己的过去和在这个世界的位置，经历了各种世界观和价值观的重塑，也渐渐对自己的未来有了模糊的目标：将维护边缘群体最基本的生存权利作为我的全职工作。

现在想想真的是很宝贵但有些稚拙的梦想。当朋友们问起，那你具体想在什么样的领域做什么样的岗位呢？我说不上来。或许是记者？或者在非营利组织工作？人口拐卖听着像是一个紧迫的议题，但减贫听着像是更根本的发展之路。种族冲突呢？人们很可能每一天都在大量死去。然而对

◎作者刘璐茜

于我以为自己所在乎的议题，不管是听到国外朋友的亲身经历为他们感到不公，还是对着被压迫人群的纪录片流泪，最多不过算是同为人类的一点同理心。这些被人为有意无意裁剪过的二手信息和我在象牙塔里无力的好意，在苦苦思索中化作一缕无奈的叹息。

毕业论文我做的是非洲女性割礼的案例分析，导师说，作为本科论文来说已经写得很好了，不过能不能找到更多当地 NGO 在这方面工作的资

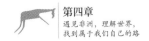
料呢？我回答说不能。除了联合国的报告，作为一个跟非洲完全没沾过边的本科生，我连当地 NGO 的名字都找不到，对着偶尔搜出的一个网站也不知道拿它怎么办。

当时我已经申请了国外的研究生院，也拿到了不错的录取通知，有的提供高额奖学金，有名校，对我来说不是件容易的事。但正因如此，我想对这个世界多一点认识以后再更好地利用研究生这两年。考虑之后我决定去 Fletcher，并且延迟两年入学，先探索一些感兴趣的方向，希望在实践的过程中对未来的方向可以想得更清楚。

因为过去跨文化的生活给我带来的巨大成长，以及自己已经历到的全球性挑战，我渴望这样的实践机会可以在一个跨文化且迸发着活力的发展中国家。2016 年 2 月，已经关注了中南屋微信号一年多，也打算离开上海的我，看到了他们的招募信息。只记得电话面试完，泓翔说"那我们随后把合同发给你"，我挂了电话后兴奋地跑去和室友说：我终于要去非洲啦！

因为推掉了另一个不错的工作机会，也不知道自己在谁都不认识的非洲会面对怎样的生活，去肯尼亚之前觉得有些焦虑，但我没有怀疑过这个选择。事实也证明这是我迄今为止很特别的一段人生经历，认识了很多在国内自己的小圈子里根本不可能认识的中国人群体，与形形色色的人共事，让我从很不一样的视角理解自己的国家。最喜欢的工作是带学生们去菜市场、贫民窟、大学、商场、政府部门和中国人社区做田野研究，也在做访谈和口译的时候因为听不懂的口音或专业词汇而屡犯尴尬。

当然，肯尼亚的美也让人惊叹，在眼前奔跑的成群的角马让我热泪盈

◎在肯尼亚与本地人一起舞蹈

眶，人们的舞步也让我开怀大笑又着迷。透过肯尼亚的这些日日夜夜，我看到这个世界之复杂，无情嘲弄我们先前不切实际的幻想，让我们不知道是否还真的存在有效的方法改变困窘的现实；但同时，走出了舒适圈后的我也了解到更多的现实需要和体会到现存的努力，以及看到我们自己也可以参与到其中的机会。为了更深入地探索自己具体的兴趣点和可以贡献的领域，我决定去往更多的地方，尝试理解不同的人群和自己在其中的角色。

离开中南屋后，我尝试着寻找机会去实地理解难民群体的真实处境。长久以来我对难民和被拐卖人口有着本能的同情和好奇，但是全球化浪潮一波又一波掀起的所谓"难民危机"和民众迥然不同的态度让我认识到这

个问题的复杂性，以及自己对它的一无所知。而无知让我们不安、自大，并且做出效果与初衷南辕北辙的判断。为了形成对这个领域基本的认知，我觉得与难民浸入式的对话是很必要的。

很感恩的是，离开肯尼亚不久后，我有机会去到马来西亚的一所缅甸难民学校，和那里的学生们一起住了一个月，走进和记录他们的生活，也给他们上一些国际关系方面的基础课程。从之前对难民这个概念抽象的认识到与他们成为交心的朋友，了解他们面临的具体的真实处境，在不同于自己想象中的情景下认识自己的偏见与预设，理解他们看待不同政策的视

◎在乌干达访谈

角，我觉得自己在这一个月里收获的比能给他们的多太多了。这些回忆成了我可以带着上路的财富，成了我身份和性格中不可分割的一部分。经年累月，这些经历会一点点拼凑成我生命的图景，我希望它是坚韧的，在不断地质问中永葆赤子之心。

而现在，这幅拼图还在初步阶段，我还看不到它大致的样貌，但一些细节和初步的框架正慢慢被勾勒出来。比如通过自己的亲身经历，我看到部分人文关怀虽是出于好意且颇有诗意的美感，但却没有实际意义甚至可能对关怀对象造成很大伤害。因此，接下来我需要掌握更多必备的专业技能，如定量分析、国际谈判、项目管理与评估，以及一定的政策分析能力和法律理解能力，等等。我很庆幸 Fletcher 提供了这些必要的课程，而过去亲身感受到的外界需要和自身兴趣点也给了我在学习中不同的抓手，让我不至于在跨学科和多样化的课程设置中无从下手。

我上学期选择的论文题目包括非洲的人口迁移和中国海外投资面临的挑战，在不同国家不同领域的经历使我认识到透过不同的视角去看待某一问题在现实中的复杂性，这让我在设计选题和查找资料的过程中更有头绪，也能从细节上考虑这些议题本身的难处、趣处和现实意义。在与不同背景的同学、老师和客座嘉宾们交流的时候，过去的工作经历也帮助我更好地提出核心问题，促成他们的思考与自己关注的点形成联系。我想如果自己从本科直接来读研，很多资源或许根本不知道怎么利用，只能按照自己原以为已经掌握的信息纸上谈兵。

当然，再有趣的课程和话题在日复一日的繁忙和孤独中也难免觉得琐

碎枯燥，压力大的时候，我常常会忍不住怀疑自己是不是太任性和不安分，选择了一条对自己来说太艰难或者说是见效颇慢的道路。但这都是转瞬即逝的念头，因为更重要的是，我知道在世界不同的角落，那些等着我去了解认识的形形色色的人，会在有意无意间让我的思想得到不同文化的多维塑型。尽管这样的旅途与交汇在文化归属与身份认同上很大程度让我们感到迷失和孤独，这份孤独源自我们的文化DNA被烙上了太多不同的痕迹，我们将难以找到同质化和完全相互理解的社区，也将不知何处为家，并因此在不同的权力等级和社会生态中苦苦寻找自己的核心价值和人生定位。

对于这样的迷失，我目前没有找到一个令人满意的答案。或许，这种挣扎注定是持久的，它使我们成长、成熟，慢慢对这个不完美的世界和与自己预期相反的结果变得坦然，也越来越明白自己的有限而学着谦卑。我想我们终将发现，自己也为后来的人走出了一条或宽或窄的路，与原本不相关的人们产生了某种真实而亲近的联结，又或是在这些刻骨铭心的彷徨与笃定中历练出不曾想象的人格。而每一个时刻，都是我们的过去与未来的联结点，不管当下的经历给我们的感受如何，它们都是难得的财富。

况且，它们带来的甜头和勇气往往帮助我们战胜各种不安全感。我可以向非洲朋友请教他们对中资企业和西方援助的看法，也享受一起吃肯尼亚菜吐槽唠嗑到深夜；在派对上无所适从的时候，庆幸还能和日本同学在角落里讨论中国在东南亚的投资战略；与一些同样经历各种跨文化背景的同学聊天，虽然过去没有任何交集，却总能对一些相似的感受会心一笑；收到各地朋友网络上的一句问候，或是在视频中聊天到大笑或是无言，心

◎在肯尼亚举行野保活动

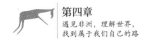

里便可以暖好一阵。

我常常盼望回到肯尼亚，总觉得那里有我的第二个家，眼前总是浮现门口摆满各色玫瑰的花摊，音乐震耳欲聋的 matatu，路上烈日下尘土的颜色，当然还有可爱的人们。我不知道未来的自己会在哪里，希望近几年能有机会探索一下西非或者东南亚，重要的是最终可以深入认识一个地方，在那里用时间磨出熟练与归属感。

2017 年的最后一天，我在零下十六摄氏度的寒冬点着暖暖的灯，敲下这些字。我的脑海中浮现出一片画面：我们在懵懂中无意被撒下了梦想的种子，我们带着这颗种子，走啊走啊，为它找寻可以安心发芽的地方，为了让它成熟，又要带着它去试验不同的成长环境，我们在控制不了结果的过程中惴惴不安，过了一段时间却发现它在一点点长大，甚至不知不觉中开花了，那花是我们未曾想象出的图景，却一点不觉惊讶：是的，我从你是种子时便认识你。

最终章

他们的故事讲完了，
你的故事是否即将开始？

1. 如何去做一次国际调研并做出成果？

◎黄泓翔

做一个国际调研的第一步是选题。

选题不是一件简单的事情，你需要做到"了解世界"和"了解自己"。

了解世界，首先是指你需要拥有比较广阔的视野，即知道到底有什么题目可以做，怎么样找到一个有意思、有价值的题目。比方说，如果去非洲做一次调研，你是否了解今天非洲对于中国，以及非洲对于世界来说，是什么样子的状态呢？你是否知道，非洲有一些什么样有趣的事情在发生，例如野生动物保护、社区发展、反割礼、互联网科技？你是否知道非洲今天作为世界上最后的一片蓝海，是中国和世界都非常瞩目的新兴市场？你是否知道今天有大量的中国人在非洲？你是否知道中国人走进非洲是一个今天中国和国际上都非常关注的话题？

了解世界是需要积累的，这种积累可能来自于阅读，也可能来自于与别人，尤其是具有广阔视野的人的交流。我自己在上海读本科的时候，根本就对非洲、南美是什么样子没有概念，也没有想到过这些地方真的可以去。是到了美国，到了哥伦比亚大学读书的时候，发现无论是上课也好，

◎中南屋学生和孤儿院孩子在一起

课间同学们聊天也好，都会讲到很多国际上的事情，例如非洲的艾滋病，南美的青年失业，委内瑞拉和缅甸的政治，诸如此类，我才意识到有这么多有意思的东西存在；是跟来自厄瓜多尔的同学聊天，才知道今天有很多中国企业在这个南美国家所面临的机遇与挑战；再到后来，读了黛博拉·布罗蒂加姆《龙的礼物——中国在非洲的真实故事》这样的书，看了BBC的《中国人来了》这样的纪录片，才开始了解到"中国走出去"、中国企业走进非洲、南美的这个话题，以及其在国际上的热度。

了解有什么样的主题存在，什么样的主题是重要的、是国内外关注的，是做好选题的大前提。

除了了解有什么主题，你还需要了解有什么注意事项，应该带着什么样的心态。既然是做一个国际调研，一定要有国际视野。

比方说，去非洲不要有所谓的"优越感"。

我有一个朋友是一个国际学校的招生官。他跟我讲了一个故事，他曾经面试过一个学生，这个学生的简历里写着去过非洲。这一点吸引了他的兴趣，于是我朋友问这个学生：你去非洲做了什么？

这个学生说：我去非洲帮助当地人走向文明和进步。

这个招生官一听，就决定不要这个学生了。因为他觉得这个学生没有国际视野，也没有清楚地认识自己和认识非洲——尽管他去了那里。

在国际上，尤其是对于精英群体，大家反对居高临下地看非洲，反对把非洲看得很糟糕，反对自己带着优越感。大家认为，非洲是积极而多元的，而大家去非洲，更多是自己的学习和进步，所以一定要谦虚，要低姿态。

"我没有改变非洲，非洲改变了我"某种程度上是国际上认可的关于去非洲等发展中世界的态度。可以看见，了解世界、国际视野不是虚幻的东西，而是对自己发展非常实际的影响因素。

了解自己也是非常重要的一步。

每次学生向我咨询自己有什么调研课题可以做，我都会问：你喜欢什么，你以后想要读什么专业，想要做什么工作，你以前做过什么，你擅长做什么？如果一个调研课题你自己不喜欢，那么你不会享受去做它；如果一个调研课题跟你的方向不匹配，那么可能做了之后对你未来的实际帮助不大；如果一个调研课题需要的能力跟你自己的技能不匹配，比方说想去拍一个纪录片但是你完全没有视频拍摄剪辑的能力，想要去写英文调研文章但是你的英文完全写不出像样的东西，想去做一个定量研究然而你都没有系统学过怎么设计科学的问卷，那么你很可能做不出成果。

能够做到了解世界和了解自己，那么其实很容易会找到很适合自己的课题。

中南屋以前有个学生，自己很喜欢动物，想到非洲来做野生动物保护相关的事情，同时，她以后想要学法律。

接下来我们会想到野生动物保护到底是做一些什么工作。并不像一些人想的野生动物保护就是帮动物喂食和洗澡，野生动物保护是非常专业的一个行业，里面包括了栖息地保护、科研、反盗猎、反走私、教育、宣传、筹款、推动立法等各个方面。法律其实是很重要的一个方面——无论是立法还是执法，都可以很大地影响非法野生动物制品贸易。

选好课题之后，下一步是制订实地调研计划

在调研方法的选择上，一般来说要么采取定性研究的方式，即做采访访谈来收集资料，要么用定量研究的方式，即做问卷来收集资料。

如果是自己去做国际调研，受到时间、人力等多方面的限制，我一般建议采用定性的方式，也就是通过采访来完成调研。那么，你要做到的事情有两件，第一是找到你的采访对象与他们沟通获得采访的机会，第二是高质量地完成对采访对象的采访。如何能找到你的采访对象呢？首先，你需要对你的课题做一次详尽的资料查找，通过中英文信息，详尽阅读相关

◎志愿者合影

学术文献、新闻报道等资料。什么样叫详尽呢？我经常举一个例子：用搜索引擎将相关的关键词打进去搜索，把搜索结果前十页都看了。这是起码的资料查找工作。

在资料查找的过程中，你需要做一个事情，叫"利益相关方分析"。

具体来说，就是记录下你在相关的资料中看到的组织名字、个人名字，逐渐画成利益相关方地图。

这个地图里，基本上会有几类角色：政府、NGO 组织、媒体、学者、社区民众、企业等。要做一次好的调研，需要充分采访不同的利益相关方——准确来说，应该是采访到话题相关的每一方，以及每一方里面的不同人。

一篇好的调研文章的话，如果是三千字左右的中文文章，里面至少会引用来自十个不同利益相关方的人的观点。而引用十个人的话，意味着采访的人数应该在二十个以上。

锁定我们的目标采访对象后，接下来就要尝试去联系你的采访对象了。

有的采访对象你能找到官方的网站、邮箱、地址、电话，还有的你可以找到对方的社交媒体账户。

此时你的第一步可以是给对方写邮件。写邮件不是一件简单的事情。对方每天可能收到上百封邮件，邮件写得好可以极大地提高你得到回复的概率。

怎么样写一封好的"勾搭"邮件呢？这里的核心是站在对方的角度去思考。不排除对方是一个非常热情善良乐于助人的人，但是毕竟不能指望大家都如此。而再乐于助人的人，忙起来了也没有办法这么做。

如果是你，在很忙的情况下，你会回复什么样的"勾搭"邮件呢？我自己总结，主要是两种情况，一种是对方觉得你有意思值得结交，一种是对方觉得你要做的事情对对方有好处。

像中南屋的工作人员，给陌生人发"勾搭"邮件，一般都会遵循以下套路：

首先，讲清楚中南屋是什么；第二，讲我们在这个领域的影响力，包括得到多少报道；第三，讲我们在做一件什么样的事情；第四，讲这个事情可能给对方带来什么好处——例如帮助他们把自己的声音传播到中国，例如给他们带来一些什么机会，诸如此类；第五，讲我们希望在什么时间段能够采访对方，问对方什么时间比较方便——注意，我们问的是"你哪天方便跟我们沟通"，而不是"你是否愿意跟我们沟通"。讲我们很厉害，是在说"你值得花时间认识一下我们"；讲我们做的事情对你有用，是在说"你值得花时间帮助一下这件事情"。

这样的"勾搭"邮件，回复率在80%以上。邮件的地址，邮件的格式也非常重要。一封看上去就不专业的邮件，会很大地降低对方对你的评价和重视程度。

但是，有很多人是不回复邮件，甚至不怎么看邮件的。如果是发到官方邮箱，也很可能没办法转到相应的人手中。这也非常正常，所以，不能只是依靠邮件。你可以尝试打电话。到了现场之后，你还可以尝试根据地址直接登门拜访。在外国做调研，你会发现很多机构都是可以直接登门的，包括政府部门。

而敲开大门之后，你要做的自我介绍和发邮件差不了太多。

一定不要自己觉得不行而不去做，尝试去敲开陌生人的门，与陌生人"勾搭"，反正，失败了又如何呢？

在登门拜访的时候也是有一些技巧的。比方说，一定要去之前先发邮件，而且是提前一段时间发，例如一周。因为对方的接待处往往会跟你说让你先回去发邮件，此时你就可以说我已经发了但是很久都没有回复。

还有就是，登门拜访的时候心里一定要有具体的人的名字，去说自己要见谁。否则，接待处的人可能不知道应该让你去找谁，那么你进去的概率就又降低了。以上说的都是在没有别人协助的情况下去寻找采访对象，但是在现实中，你还应该发挥自己的社交网络：去问自己的老师、同学、朋友，甚至是在社交网络上宣布自己要去做什么，询问是否有人认识相关的人。

大家可能都听过"六度空间"理论，通过六个人，你就能连接到世界上的任何人。只要你尝试跟每个人都说你下个月要去哪里做什么课题的调研，这个方法一定可以帮助你找到一些采访对象。

找到你的采访对象，还要会采访

采访的流程分为四个要点。第一是自我介绍。见面的自我介绍一定要简洁，一般控制在三句话以内说清楚。一般讲清楚你是谁，你在做什么即可。

采访时的自我介绍有一个核心的目的，就是帮助打消你的采访对象的疑虑和顾虑。比方说，如果是中国人，大家性格比较谨慎，对媒体比较有戒心，如果你说是一个采访，对方很可能会担心你会把他说的东西写到网上，给他带来麻烦。此时，讲清楚你只是做一个学生的学术研究，讲清楚

你不会暴露他的真实姓名，都是非常有帮助的。根据这个目的，面对不同人的自我介绍，很可能会有所不同。

同样是调研中国企业在非洲跟非洲本地劳工之间的矛盾，你跟中国企业采访的时候很可能会说"我们希望了解咱们中国企业怎么样更好地应对这些问题，更可持续发展"，而采访本地劳工的时候可能说的就变成了"我们希望了解中国企业在对待本地劳工时有什么问题，我们怎样更好地保障劳工权益"。

注意，在这个过程中尽量不要撒谎，因为撒谎是会导致后续的一些麻烦的。你要做的是，选择一部分的真实，去对不同的人说。上述例子里讲的两个课题目标，其实都是实话。

第二是询问基本问题。基本问题是什么呢？就是指对方年龄、职业、从业时间、家乡等基本的情况。为什么要了解基本问题呢，是因为对方的身份不同，情况不同，你能问的问题是不同的。对方在这个行业里做了一个月，还是十年，直接影响了你能问他的东西，以及他在对某方面问题做出评论时的可信度。

你们可以把基本问题理解为自变量，即会影响主题相关问题的信息。也就是一个问卷上面的基本信息部分。一定不要忽略询问这方面的信息。这类问题，无论是做什么样的课题，差别不会特别大。

第三是询问主题相关问题。也就是课题的直接相关信息了。这一块，主要跟你的课题内容直接相关。

第四是进行结尾和跟进。问完问题还没完，留下对方的名字、联系

方式。并且，可以询问是否能介绍其他的调研对象。我的经验是，每采访完一个人，平均会获得两个新的采访对象。

很多同学会遇到一个困扰，就是不知道该怎么在采访中问问题。这里面其实分为两个方面，一是怎么去想到该问什么问题，二是怎么去把这些问题问好。

怎么去策划采访的问题

任何一个陌生人，摆在你面前，你都应该能连续问一个小时的问题不停歇。我有两个思维方法可以帮助大家想问题。

一个叫"6W 法"。

6W，简单来说就是 WHO, WHAT, WHEN, WHERE, WHY, HOW。面对任何一个人，任何一个信息点，任何一句对方的话，去想人物是谁，发生了什么，什么时候，在哪里，为什么，怎么样，都可以帮助你想到更多的问题。

一个叫"横纵坐标轴法"。

纵向是时间。根据这个思维方法，一个人在你面前，你可以问他以前做什么，现在做什么，下一步做什么，遥远的未来想做什么。

横向是横向比较。根据这个思维方法，一个人在你面前，你可以问他他做什么，他的同学做什么，他的同事做什么，他的家人做什么。我会建议大家在调研之前，列好采访提纲，而且是每类采访对象的提纲。

列采访提纲，我的建议是先列出 100 个问题，也就是穷尽脑汁去想，

到底可以问一个人什么东西,确保自己没漏掉问题。

然后接下来,你要在这些问题里选出 40 个重要的问题,再选出 20 个最重要的问题。为什么呢?因为在实际的调研中,你很难判断遇到什么样的人,以及你会有多少采访时间。你会发现有的人你只能采访 5 分钟,有的人你能聊一小时。那么,做好采访提纲,你就能在 5 分钟内问完最重要的问题,也能在有时间的情况下,详细去了解对方的细节。

每一类你可能遇到的人你都需要准备采访提纲。针对不同的人,你要问的问题是不同的。

这里大家要注意,其实很多问题你问任何人他可能都能回答,但是,如果他的身份、经历跟这个答案不相关,那么,他说的东西可能就不那么有信服力。

比方说,他只是一个路人,你去问他一个应该学者来回答的问题;他没去过非洲,你却让他讲述非洲是什么样子。遇到不同的采访对象,一定要去想:最适合由这个人说出来的东西,是什么?

接下来,想知道的问题有了,怎么去把问题问好呢?

第一要注意你的语言,简单来说就是"说人话"。在采访中,要记得你不是在做电视访谈,语言需要更生活化。这样有助于对方的理解,也有助于建构舒适的对话环境。在国际调研的过程中,很多时候采访是以一种聊天的方式进行的。

比方说,"您的年龄是多少"就不如"您今年多少岁","您的职业是什么"就不如"您现在做什么工作"。

第二要注意你的问题，避免你的主观观点影响你的问题。

不要去问引导性的问题，例如"你是不是这么觉得啊""你是否是这样啊""我认为是这个样子，你觉得呢"。

这是我们 70% 的学生都会有的问题——你的主观观点，影响到了对方的回答。关于这一点，还要注意克服自己的表达欲望——一定不要把调研跟聊天混在一起。除非必要，否则不要去讲你自己，因为这不但减少了你有效采访的时间，你说的东西可能还会影响到对方的一些表达——比方说对方可能不会说出和你不同的观点。

调研的本质是提问和聆听，一定要注意要"大耳朵，小嘴巴"，多听，少说。

第三要注意追问，获得你要的东西为止。

对方如果讲一个东西讲得比较模糊，一定要追问。譬如："你说贵，那多少钱算贵呢？"

对方也可能没听清楚你的问题，或者是回答漏了你的某个答案——尤其是如果你一个问题里夹带了好几个问题的时候。这样的时候，一定要反复追问。凡是需要获得的，一定要获得，打破砂锅问到底。

第四要注意你的礼貌和体态语言。

比方说，对方说话的时候你应该看着对方，你的坐姿应该显得谦虚有礼，你肯定不会边看手机。

无论是希望更快速地想到该问的问题，还是熟悉怎么去让采访对象舒服地回答这些问题，都需要练习。教给大家一个练习方式：尝试跟身边的

◎学生在肯尼亚调研

陌生人，例如保安、清洁工阿姨、便利店工作人员搭讪和聊天，并且去设想如果要写一篇关于这个人的人物故事，怎么去写。

在采访的过程中，你要去收集三方面的东西：信息，故事，金句

信息是大家一般都会记得问的东西，比如说一个人多少岁，从事什么职业。

故事，或者说案例，是大家最容易忽略的东西。如果只有信息而缺乏故事和案例，你写出来的文章会不具体、不好看，而你之后去说理的时候也会缺乏事例支撑。比方说别人讲到遇到困难，要记得去问能不能具体讲讲什么时候、遇到什么困难、能否举一个具体事例。

金句是指一个人说的可以直接引用的、能突出体现这个人观点的句子。这些句子往往简短，口语化，具有个人风格。

采访完了的话，调研部分其实也就差不多完了，接下来就是形成成果的问题了。

在哥大上简历写作课的时候，我记得老师跟我说过，写简历，最重要的是写清楚你做了什么（what did you do），以及你做出了什么（so what）。做出成果，其实就是 so what 的重要一环。成果可以是多种形式的，可以是文章，可以是一个实践，可以是一个摄影展。写文章可能是调研最直接的一种成果形式。

调研类文章，怎么写

首先是标题，标题一定要写在前面，否则容易会主题不清、行文混乱。

开头从一个人的一句话引入，这句话往往是你调研中印象特别深刻的采访对象的一句话。接下来介绍这个人是谁，在什么样的场景这么说。这个开头目标是点题和引人入胜。

接下来把视角拉远，介绍文章主题的大背景，例如中非关系、一带一路。在这一部分，可以有一些数据。如果是调研文章，只有这一部分应该有内容来自网上，其他的都应该是来自实地采访。然后就是文章的核心。在这

一部分，要把调研的发现按一定的逻辑进行讲述。比方说从正反面，比方说从不同人的角度，比方说根据时间顺序叙述。最后是文章的结尾，往往是一个深化或者升华。还可以以一个人的一句话结尾。

当然，这只是一个模板，大家可以有自己的写法。

但是要注意的是，写作有几个共通的原则：准确，客观，生动。准确是指你说的内容准确，不要出现事实性错误，如果引用别人的话，不要断章取义。客观是指你说的东西有理有据，而不是"我认为""我觉得"。生动是指你说的东西有趣，让别人爱看。在这个时代，如果你写的东西不好看，那么别人可能就不看，那么，你写的好东西就糟蹋了。

除了文章，你还可以做实践类的成果。比方说做一个纪录片、一个摄影展、一次众筹、一次分享会……

设计成果一定要跟自己的方向和技能结合。无论做出什么成果，我建议大家做调研一定要以成果为目标去做。

从功利的角度来说，这个成果之后会对你的学业、事业发展有所帮助，可以是你简历里很棒的一笔。

从体验的角度来说，如果你怀着一个"输出"的目的去"输入"，你在调研采访的时候会问的问题更多，对话题的了解会越深入。带着做出成果的目的去调研，可以避免自己陷于走马观花。

从自我反思的角度来说，当你开始尝试做出成果，可能会意识到有问题没问、有信息没了解，这是一个很好地反思自己调研中的不足、让自己改进的机会。

最后，一次调研项目并不以你回到出发之处而结束，相反，它会是你一段新旅程的开始。因而，要学会怎么去分享你的这段经历和你的成果。

不要小看分享这件事情，一个东西做得好，不代表你能讲好。而如果你讲不好，便会影响别人对你所做的这个项目的质量的判断。

在一次调研之后，我建议大家尝试用 10 分钟的时间讲清楚自己做了一次什么调研，有什么发现和收获。无论是用来写申请材料，还是在学校里做分享，还是以后日常对话里跟别人讲到自己的经历，你都需要这样的练习。当你真正做好了一个调研并且形成了成果，这些成果会帮助你获得更多的成果。

以上就是我以自己多年调研的经验，给有意自己实践的同学的一些建议。正如我的第一次厄瓜多尔调研经历一般，迈出第一步永远都是最难的。所以想要去做一次国际调研，不断反思进取，永不放弃自己的目标，是最重要的建议。

2. 当我们谈论非洲野生动物保护时，我们在说什么？

有许多人说自己也想去非洲做志愿者，保护野生动物，尤其是看了《象牙游戏》之后。有这样的热情当然是好的，但是，在我们做一件事情之前，第一步是要学习和了解这件事情到底是什么。

很多朋友一想到去非洲保护野生动物，第一个想法一定是去给小象孤儿喂食，去帮大象洗澡，等等。提供类似机会的"国际志愿者"项目，近年来逐渐增多。一些人觉得做这些事情很高尚，另一些人对这些项目嗤之以鼻，"那边根本不需要一个外国人去几个星期帮大象洗澡""你自己都保护不了，还去保护野生动物"。

那么，到底怎么理解这些事情呢？

在这里，我想说：野生动物保护≠公益≠慈善≠志愿者≠NGO。野生动物保护行业，就跟许多的 NGO 工作领域一样，是一个非常专业的行业，就像金融业、地产业一样，需要的是各种专业的人才。野生动物保护行业当然也有志愿者的参与，但是，将整个行业看作是一个纯志愿者的行为，看作想象中的"公益"，是非常偏颇的。

◎在销毁的象牙制品前

以大象保护为例，当我们在说非洲大象保护的时候，是在讲一个很复杂的链接和生态系统。

在非洲象保护的第一线，NGO 要做栖息地保护，即通过建立和维护保护区，为野生动物提供栖身之所。因为离开了栖身之所，大象的保育无从谈起。

而保护区的建立和维护，是一个专业的领域：商业化收入，专业托管，畜牧业与野生动物如何共存，都是 NGO 们探索的话题。有的 NGO，专门做保护区，例如 African Parks 组织，许多非洲国家的政府把国家公园都交给他们管理。

同时，动物保护需要反盗猎巡逻，直接减少盗猎者对野生动物的盗猎，许多巡逻员工作在最前线；动物保护需要科学研究，比如研究大象的迁徙路线，通过研究大象的迁徙路线，才知道怎样在工业文明的发展中，保护最重要的迁徙走廊，怎样在公路和铁路线上留出动物通道；动物保护需要救助和放归，比如肯尼亚的小象孤儿院，他们的工作是把失去父母的小象抚养长大，最后放归自然。

离开了第一线，野生动物保护的工作者就不会一直看见动物了，他们的工作与人之间的联系越来越紧密，因为保护野生动物不止与动物有关，更关乎于人。

人象冲突是威胁非洲象生存的一个重大问题：当大象袭击农田，吃掉

◎学生向野保人员学习

农作物，经济遭受损失的农民们就会仇恨大象，成为盗猎者或者盗猎者的帮凶。我们和非洲本地野生动物保护 NGO 为了减少类似情况的发生，会去帮助一些农户安装太阳能灯做的围栏，这种灯会在晚上闪烁，让动物觉得有人在巡逻，从而不会来袭击。

很多盗猎者盗猎也不是因为好玩，而是迫于生计。毕竟，贫穷是一个在非洲广泛存在的问题。野保 NGO 不可能和他们说：不准打猎，饿死吧。相反，我们和野保 NGO 会做一些"替代性生计"的项目。在肯尼亚东部的一些村庄，我们发现当地的村民擅长一种手编篮子，于是决定帮助他们拓展这种产品的销路。通过这样的项目，可以鼓励当地人减少盗猎，用风险更小的方式来获得经济收入。

反走私也是大象保护的中间地带工作——《象牙游戏》这部影片，就为大家很好地展示了野生动物保护工作中的一环。盗猎者猎取象牙后，把象牙卖给一些专业商贩；商贩会把这些赃物聚集到非洲大城市和港口，再走私到世界其他地方。反走私的 NGO，会采用卧底调查、建立情报网络等方式，让走私犯落网，从而减少国际野生动物制品贸易。在这里面，调查人员也是一个专业技能要求很高的职业，仅有热情是不可以的——反对走私，更多时候是他们的本职工作。

在中国，大家也会看到许多野保组织做大量的地铁广告、机场广告，通过宣传教育抵制象牙的购买。这个过程叫作"减少需求"。有一些野生动物保护 NGO 会专门做这个领域的工作。

通过大量的宣传，野保 NGO 还希望起到政策倡导的作用，即改变立

◎学生采访调研对象

法和执法。中国在 2016 年 12 月通过了完全禁止国内象牙贸易的决定，这不仅是立法机关观念的改变，也是大量野保 NGO 长期努力推动的一个结果。

野生动物保护是一个专业的行业，里面涉及项目开支，还涉及人员工资——许多国际野保 NGO 的工资并不低，否则，要用什么能够留住最优秀的人才长期工作呢？那么，这些资金从哪里来呢？它们来自一些政府发展援助资金、大企业基金会、慈善晚宴、民众的捐款。在大象保护的终点国家，筹款其实是很多野保 NGO 的工作重点。目前，非洲野生动物保护项目的资金大多来自于西方国家。

上述只是对大象保护这个行业的一个简单概述，希望能够让大家对野生动物保护这个行业有一个基本的认知。接下来，我们可以去思考：在这个生态系统里，我能做什么？

其实，答案是很明显的。一线反盗猎也好，救助动物也好，可能都不是我们中国人能帮上忙的，这些事情非洲本地的野保 NGO 会做得更好。作为中国人，其实在非洲野生动物保护问题里，最能帮上忙的部分是宣传教育——影响更多中国人不要购买象牙、犀牛角、穿山甲、鱼翅等，以及筹款——帮助非洲的本地野保工作筹集资金。

中南屋所做的野保工作主要也是在这两个领域。为了带动中国青年人走进非洲以及影响非洲本地华人，我们与非洲本地野保 NGO 合作，帮助更多的中国人了解和参与非洲野生动物保护，也为当地组织带去更多的资

◎野保活动

金和资源。在国际野生动物保护工作上，中南屋像是一个中外的桥梁。今天，许多的国际野生动物保护组织都会向中南屋寻求合作，建立与中国人的联结。而中国人也可以通过我们，来更好地了解非洲的野生动物保护情况，明确自己参与的方式。

理解了这些，我们再来看那些照顾动物的国际志愿者项目，可能就更清楚了：没错，其实我们从这么远的地方去照顾几周动物，并不能给当地起到很大的作用。当然，这不代表这种项目没有意义。这种项目的真正名字是"义工旅行"，它本质还是一种旅行，这也是为什么参加人员要为之付费。

那么对于非洲野保组织来说，为什么要组织这种义工旅行的项目？这是因为，他们相信这些义工能在志愿服务的过程中学习和成长，成为野生动物保护大使，将故事带回祖国，传播给更多的人；另一方面，这些义工交的费用，也能对这些野保组织的当地工作起到支持作用。对于大多数人来说，去非洲做一两年的志愿者是不太现实的。因而，参加义工旅行项目，对大多数普通人来说，不失为一种不错的入门选择——只要选择好的项目：符合伦理的，所做的事情不会给当地带来任何伤害，反而能帮上一点小忙的。并且，参与者可以在过程中理解自己所做的事情本质——不是怀着"优越感"，而是来体验、学习的。一定要记得，不是你去拯救非洲，而是非洲改变你。

知道怎么讲述自己这方面经历，在国际上尤为重要。现在很多青年学生希望能够通过这些国际志愿者项目为自己的留学申请起到背景提升的作

◎在非洲志愿服务

用。有这种想法无可厚非，但是请记得，如果你参加这种项目，尤其是时间只有一两周的，建议在简历里描述为 service learning，而不是 volunteer。在国际上，大家早就探讨过非洲是否需要"志愿者"的问题，也基本上认为志愿者至少应该是服务四周以上的，否则，更多只是一个自己体验和学习的过程，不可能给当地帮上什么实际的忙。如果将自己标签为志愿者，而其实自己并没有给当地带来真正意义上的帮助，只会暴露出你国际视野的缺乏。

话又说回来，去非洲一定就是去做志愿者吗？现在有的人一听去非洲，

就会觉得是去做志愿者，去援助非洲，甚至觉得是"去帮非洲进步"……这种想法是很可怕的，它反映了一种自上而下看非洲的傲慢和一种国际视野的匮乏，会让你带上一种西方世界早已讨论过无数遍并且深恶痛绝的"白人救世主情结"。

今天，很多青年学生去非洲，不是去做志愿者，而是去做调研，是去学习和研究的。去非洲做学术研究，在调查钻研中了解自己感兴趣的话题，对非洲、对世界许多问题的解决方案进行思辨，可能不失为当代中国青年人走进非洲的一种与国际更加接轨的新方式。而野生动物保护领域，其实也一样，不是从志愿服务，而是从学习和调研之旅开始，可能你更加能为非洲、为你希望帮助的野生动物带去真正的贡献。

3. 我想去非洲，怎么去呢？（旅行篇）

想要在最短的时间内对一个地方有大概的了解，最好的方式就是旅游。想要来非洲体验风土人情，旅游是个方便省时的选择。

通过旅行社去非洲

在对于非洲了解较少的情况下，通过旅行社去非洲是一种最简单易行的方式。

国内现在有很多旅行社都有非洲旅游项目，尤其是肯尼亚、坦桑尼亚、南非、纳米比亚这种热门目的地。而非洲各国的旅游内容和推荐行程都是比较固定的，稍加了解就会发现不同旅行社推荐的线路都差不多。

非洲旅游总体来说属于高端昂贵旅游，毕竟距离远，而且非洲本身物价高。一般来说，国内旅行社都是组团，然后和非洲本地地接社合作的，如果你想要相对便宜一些，也许可以尝试直接联系到非洲的地接社——当然，这样也要面对可能出现的对方不靠谱的风险，毕竟组团社在筛选合作方的过程中是做了不少工作的。

◎非洲的大象

非洲也有很多本地人和西方人开的旅行社，联系他们你经常会发现比中国人的旅行社还要贵，而且因为文化差异，服务可能对于我们中国人来说没有那么尽如人意，总体来说并不推荐。

自助旅行

非洲旅游能否自由行、背包游呢？某种程度是可以的。

但是与东南亚一些旅游业发达的地区和西方国家不同，由于非洲常见的旅游目的地的旅游业不够成熟，初次去非洲没有较了解当地的朋友带领，更容易出现一些意料不到的问题，给旅行造成麻烦。对于当地文化和社会情况的完全陌生也会导致个人出行的困难。

1. 语言问题

非洲不同国家的通用语言不同。在一些较发达的城市中，不少人会讲英语、法语等不少中国人掌握的语言，但由于当地口音，很多时候交流会造成不少障碍，并非能够用英语、法语进行基本交流就可以畅通无阻。

而更多的情况是，在旅游目的地问路或寻求帮助时，很多当地人并不会讲太多英语，只会讲本地语言，这便造成了更多麻烦。

◎非洲狮子

2. 文化差异

文化差异造成许多出行障碍。最常见的一点是时间观念的差异。中国人常常认为约了几点就是几点，但对于很多非洲当地服务机构和个人来说，时间更像是一个时段范围。

例如自助旅行时如果自己在当地预约了租车服务，第二天上午八点钟上车出发，以便天黑之前赶到一个目的地。实际情况有不小的可能是，车子中午时分才来，错过了晚上预约在目的地的一个活动。

另外，个人出行预订行程和服务时，很有可能遇到"被宰"的情况。由于对当地各类服务价格的不了解，游客很可能直接答应了对方给出的第一个价格，和当地人给的平均价相比，会高出很多。同时不了解合理的价格范围，砍价都无从下手。这一点在当地集市购买纪念品等情况下也经常出现。

3. 安全问题

安全问题涉及整个旅行的方方面面，小到每一次出行，大到预订住宿的位置。没有人带领的情况下，对于哪一个片区相对安全，哪里不安全，或者如何避免危险情况的信息缺乏，容易导致一些隐患。

例如在肯尼亚内罗毕的一些商圈附近，提着满满的购物袋有时会招来抢劫或者大量的乞讨者"围攻"。有时容易不小心走入"基贝拉"贫民窟，被抢劫的风险便会随之而来。

4. 特殊情况

由于对当地社会情况不了解，也会造成不少出行的特殊情况，个人很可能没有解决的经验。

例如刚刚在机场抵达非洲时，不少海关都可能会出现要求给并不需要缴税的物品缴纳高额税款的不合理情况。不了解情况的中国人很可能乖乖就范，造成不必要的资金损失。

再例如，在大多数非洲地区，作为长着外国面孔的中国人出行，都必须随时携带护照，因为在路边巡逻的警察随时都有可能上前询问你的身份、来到这里的目的。如果没有护照，很有可能被当作可疑人员带去警署。在焦急情况下言语或肢体冲撞警察更是会被作为一种罪行合理地关押起来，等待保释。

再例如，一些游客在当地特色市场购买的小纪念品很可能是保护动物制品而自己并不知情，一旦在离境时被发现，很可能会被拘留。

以上提到的一些问题，或许机智的大家可以通过行前准备，在网上多做功课得到一定程度的解决。但在这里要强调的是，许多旅途中的情况都是不可预见的，常常难以通过行前准备避免。而且许多可预见的细小问题，也难以通过网络上过来人的经验完全解决，例如一次外出晚饭后走过的具体道路是否安全等。

说了上面这么多，并非代表着非洲就不能自助旅行。在做了充分准备工作、有较多自助旅行经验的前提条件下，自助旅行可以带给你更多的个人定制的享受。

一种比较轻松又灵活、规避麻烦的方式是"自助旅行 + 当地华人地接社"的方式，即自己到了目的地国家后，去不同景点时联系地接社 1—3

◎雨中长颈鹿

天的具体项目。

　　地接社可以解决具体每一个景点的琐碎准备工作。例如，当你想要去马赛马拉看动物，体验自然风光时，因为涉及拼车（非洲旅行往往每一个景区之间距离很远，甚至需要车行一整天）和景区酒店，自己预订相比找旅行社报团，往往昂贵许多——如果你自己已经到了非洲，就可以找这边当地的华人地接社沟通了。同时，在自由支配的时间里，又可以尽情体验有特色的当地餐厅、酒吧、教堂、集市，等等。

最后，去非洲一定要意识到，非洲有 50 多个国家，是一片差异化非常大的土地。每个国家，甚至国家内不同的地区，差异都是非常巨大的。

如果你是一个入门者，可能东南部非洲国家对你来说是比较适合作为第一站的，如肯尼亚、坦桑尼亚、纳米比亚等，治安、气候、卫生条件等总体都还不错；而西非、中非各方面可能挑战会多一些。北非又是完全不同的故事，不属于撒哈拉以南"黑非洲"的范畴了。

比较容易让大家混乱迷惑的国家是南非——它是非洲最发达最现代化的国家之一，但是另一方面，其经济中心约翰内斯堡抢劫率很高，又让它成了非洲最危险的城市之一。其实，南非除了约翰内斯堡以外，治安水平还是可以的。

旅行小助手之

对于自助旅行有帮助的 APP

● Google Map

覆盖了非洲大部分热门旅行景点的交通。

● Uber

优步是不少非洲城市解决交通的好方式，安全保障较高。

● Trip Advisor

涵盖了不少非洲城市的旅游景点、餐厅、住宿等的介绍与点评，有较高参考价值。

● Booking & Airbnb

主要可以用来预订住宿，通过阅读点评也可以较真实地了解其安全性、可靠性，等等。

4. 我想去非洲，怎么去？（找工作篇）

除了旅行外，能够深入了解非洲文化的一种方式，当然就是留非工作了。近年来在非工作的华人越来越多，已然成为一股浪潮。那么，如何寻找在非工作机会呢？

"我想去非洲"

如果你想去非洲工作（有薪水的），机会主要来自于中国企业、非洲本地企业、非洲本地或国际 NGO 这三大类。

1. 中国企业

今天，有大量的中国企业在非洲发展，包括国有企业和民营企业。它们涉及的行业非常多样，工程、地产、贸易、制造业、农业，基本上做什么的都有。如果你想进一步了解它们，可以去看央视的纪录片《中国人在非洲》，这样你可能能有一个比较具体的概念。

如果想在非洲的中国企业找一份工作，你可以通过这些中国企业的国内招聘过去——当你了解了有哪些中国企业在非洲工作，你的求职就比较有方向。像华为、中兴、传音等，都有很多外派非洲的工作机会。

　　如果是通过国内招聘再等待外派,很多时候你没有办法选择你想去的非洲国家。如果你不想在国内等着被外派,并且希望自己选择去的国家,你也可以通过添加非洲特定国家的华人微信群、QQ群直接寻找招聘机会。

　　2. 非洲企业

　　非洲本地企业招聘中国人的一般都是需要获得中国客户的企业,例如银行。因为越来越多的中国企业在非洲出现,这些本地企业会招聘中国人作为中国客户经理,来帮助他们获得中国客户。今天几乎所有非洲的本地银行都会招聘中国客户经理。

　　3. 在非 NGO

　　非洲的 NGO 工作是比较难以找到的。NGO 工作跟我们理解中的公益与志愿者完全不同,这也是一个专业的工作领域,需要工作人员有很强的

◎非洲野保工作者

◎中南屋项目学生在做街头调研

技能和相关的经验。

如果想去非洲的 NGO，比如野生动物保护 NGO、教育 NGO，那么你可以通过英文信息去搜索相关情况，看看有没有需要中国人来做的工作。

一般来说，如果不是与中国人相关度很高的工作，比如对于非洲中国企业的研究工作，那么中国人能找到非洲 NGO 工作的可能性很小。

总体来说，在国内直接找到合意的非洲工作是不容易的。如果身处中国，没有去到过非洲，不了解非洲，也就不了解有什么样的机会，自己没有相关经验，这就导致了在求职中不太有优势。

一种策略是可以考虑通过一些短期项目，先到非洲去，先学习并且积累经验，然后再寻找机会。当你变成一个更了解非洲，有在非经历的人之后，找到非洲的相关工作的可能性就变大了。

去非洲 tips

去非洲其实没有大家想的那么困难，做好以下准备就可以出发。

签证——有些国家可以落地签证，有些国家可以电子签证，有些国家可能需要去大使馆面签，或者需要找中介办理。只要你在网上搜索一下，签证问题一定是很好解决的。

疫苗——大家总说"去非洲要打很多针"，其实真没有。不同国家的情况不同，只需按规定接种相关要求的疫苗即可。

疾病预防——到达非洲后，在大多数地区要注意防蚊，长衣长裤和蚊帐十分有用，也要注意饮食卫生。做到以上这些，基本就可以放心地在非洲游玩工作啦，虽然我们有时会听到一些关于非洲传染病的新闻，但那都是相对的，而且非洲很大，埃博拉病毒的暴发地到西班牙的距离比到肯尼

◎入境必带的小黄本

亚还近呢。

保险——有很多海外旅行险可以购买，不贵，其实是很好的风险防范措施。

5. 想去非洲义工旅行，究竟有没有意义呢？

首先，回答大家都在担心的一个问题：义工旅行有没有黑暗面？

当然有，就像每个行业都有没底线的行为，义工旅行当然也有。笔者知道的例子，有在斯里兰卡从动物园租大象出来给志愿者照顾，有在南非志愿者们照顾狮子农场的小狮子，然后这些狮子长大了被卖到狩猎场打猎，有无数号称支教但是最后没上几天课就变成旅游的项目。这些低质量的义工旅行项目是客观存在的，也是义工旅行现在会面临很多质疑，需要我们谨慎甄别不同项目的原因。

但是，如果因为这种现象的存在，就否认了义工旅行，甚至否定了青年人怀着热情来到非洲希望帮助非洲做一些事情的愿望，那么无疑是矫枉过正。

我们先说非洲的义工旅行，它为何存在？

笔者认识不少有义工旅行项目的非洲本土组织，他们开设义工旅行一般来说有两方面原因：

一、在他们的工作中有一些比较简单的部分，需要一些志愿者来帮忙。

◎在非洲的中国铲屎官

比方说笔者去过的犀牛孤儿院项目，他们有一个巨大的农场和大量的动物孤儿，每天需要很多人去准备动物的食物、喂食以及铲屎。这些事情做个几周可能还是比较愉快的，但是年复一年则是比较痛苦而烦琐的工作。因此，他们常年招募志愿者来帮忙解决这些问题。

二、他们面临资金匮乏的问题。对于运营好一个社区或者野保的项目，坦白讲，非洲本土组织最缺的是资金，因此，通过收取义工旅行的志愿者少量金钱，其实对于机构经济上的可持续发展很有帮助——是的，很多非洲本土组织最需要的其实是资金，而不是志愿者的劳动本身。但是，您有没有想过，如果不是参与了项目，有这个体验，有多少人会愿意直接把钱

汇到非洲国家一个根本就不认识的机构那里呢？是的，也许有少量的富人会以慈善的方式这么做，但是这跟会愿意为自己的体验付费的人数比，数量是有很大区别的。义工旅行的模式，其实资助了很多非洲本土有价值而筹款并不容易的项目，好的项目是能给当地发展带来实际贡献的，尽管可能不是以你所想象的方式。

那么对于参加义工旅行的志愿者来说，花钱去非洲做志愿者是被欺骗了吗？我并不这么认为。

这个世界上，一去去两年以上，不用自己交钱，甚至有机构资助的志愿者项目是存在的，但是，有多少机构有钱来资助志愿者，又有多少人能够一去做志愿者就是两年以上呢？对于非常希望去做自己喜欢做的事情，获得一段难得的体验的青年人，如果因为客观条件只能投入几个星期，或者一个月两个月，他们是很难找到有人资助的项目的——因为坦白讲，他们的贡献很难值得被资助。但是，通过义工旅行项目，他们可以通过支付而获得可能改变自己人生观、价值观的难忘经历，这对他们来说难道不是好事吗？有多少人，虽然无法辞职两年去到非洲，但是都有那么一个小小的非洲梦，如果没有义工旅行这样的项目，他们的梦想如何实现呢？

是的，如果去的时间太短，不足一年，志愿者劳动所带来的贡献很可能小于他本人的收获，但是，志愿者们确确实实因为这些机会而收获了经历、成长，他们所服务的项目也获得了一定量的劳工贡献以及资金贡献，并没有任何人因此而受到损失。

对于志愿者来说，到非洲进行义工旅行，应该将其看作是自己的一次

◎在非洲的志愿者们

修行，而不要过于放大自己的优越感，更不要因为觉得自己是去"牺牲""奉献"因而所有人都应该为自己提供便利——我们遇到过很多非洲民间组织的朋友跟我们说，好多人说他们要去做志愿者，所以应该免费提供住宿，免收国家公园门票，别人应该花时间帮助他们，诸如此类。那些朋友们遇到这种人，都觉得很无奈——为什么你会觉得，别人应该为了你的"善心"去买单呢？何况，你的"善心"那么的短期，其实帮不上太多的忙。

但是这些实践对你自己来说将是难能可贵的经历，笔者认识很多人，因为义工旅行项目邂逅了非洲，后来进行了很多很有意义的相关工作。义

工旅行只是一次短暂的邂逅，但是种下的种子有时候可以开出一树繁花。

虽然义工旅行本身是有价值的，但是如果中国青年对非洲有热情，想做一些事情，想实现自己的非洲梦，其实确实是有让所做的事情价值最大化也最合理化的办法的——那就是，去做真正需要中国人、需要你来参与的事情。

为了理解这一点，我们需要看到中非关系的大背景：随着中国的"走出去"与"一带一路"倡议，大量的中国人、中国企业已经走进了非洲。我们在取得大量成绩的同时，其实也面对着很多中非关系上的挑战：中国企业的当地劳工问题，中国企业在非洲的环境冲突，中国企业在非洲的企业社会责任问题等。不像有些西方人会说的"中国人殖民非洲"，其实中

◎ 近距离观察保护区动物

◎狮子和饲养员

非关系可以是双赢的，但是，诸如我们刚刚所说的那些问题，确实给非洲的可持续发展带来了挑战。

而这个领域尽管目前受到国内外瞩目，却充满了空白：在非洲，中国人与当地、与国际社会之间存在着断层，缺乏对话机制。

关于中非合作的可持续发展，大量的研究需要中国人在非洲来做，大量的沟通工作需要能理解国际也理解中国的人来作为桥梁。而这些，就是中国青年在非洲最应该做的事情，也是 2014 年中南屋成立的理由。

以野保为例，对于想来非洲做野生动物保护的中国青年而言，比起做与中国人不直接相关的事情，如果能做与中国人相关的物种的保护，诸如

大象、犀牛、穿山甲、鲨鱼、海龟等，那么，这里就有你能真正带来贡献的地方：在喂养照顾动物、科研、反盗猎等话题上，你可能没法带来太多的贡献，但是，你了解实地情况后进行的宣传沟通工作，一定能帮助更多的中国人了解野保，参与野保，抵制象牙、犀牛角等制品。

结语

认清你自己的愿望与你的实际能力，理解世界与非洲真正需要你的地方，这样，你可能会找到最适合你自己的非洲之旅打开方式。

◎志愿者合影

6. 如果父母反对去非洲怎么办？
给爸爸妈妈的一封信

◎刘 宇

亲爱的爸爸妈妈：

其实还没开始写，我就已经泄气了。

◎刘宇在奥·佩杰塔保护区

可能我写完你们也不会看，就算看了可能还是不答应吧。不过我还是想写出来，起码让你们了解我为什么想去非洲而不是欧美，去非洲对我而言到底意味着什么。

寒假去非洲这件事，当我第一次小心翼翼地向妈妈提起时，就被"残忍"地拒绝了。我知道您最近很烦心，这件事提出的时机，天时、地利、人和，一样没占。您态度很坚决，说让我找我爸说去。我更头疼了。

其实一般这种话一出来，我就知道没戏了。打小就是，有什么事情您不同意的，都让我找我爸说去。我爸"更凶"，我又怕他，您知道我也不敢找他，事情也就过去了。但这次，胆儿肥了，教师资格面试那天，脑子一热就跟我爸说了，发了一堆资料过去，爸爸隔了好久回复我说："你去。"那一瞬间其实可开心了，连带着面试心情都是飞着的。

长大了才发现，其实爸爸没我想得那么可怕，很多事情也会支持我去做（虽然大多数时候您还是很强势）。

不过今天，您两位又达成一致，这件事有待商量（其实我知道基本没戏了，虽然你们也没认真看我发的资料）。

我知道你们的顾虑，对于中国而言，非洲太远了。好些中国人有这样的偏见：非洲太乱。这种认知没有根据，大多是：别人都那样认为，所以我也这样觉得。

人们通常难以克服对未曾了解的事物持怀疑、不信任的心理，但其实他们都知道一个道理，在没有真正了解之前，不能否定全部。

非洲相比于中国，的确落后很多。可是爸爸妈妈知道吗？在人类刚起

◎刘宇在非洲留影

源那会儿，我们的祖先都是从非洲大陆走出来，之后遍布了全球。那块大陆，曾经是最早的人类诞生的地方。

那块大陆上，保存着原始森林、原始草原，还有各种珍稀动植物，同时也生活着许多人。虽然肤色不同，生活习惯不同，习俗不同，但是我们都在努力地生活着。

爸爸说，你去那么远只是为了看野生动物，对你能有什么帮助。爸爸，您说这句话的时候，很凶，很不耐烦。我其实心里很想蹦起来和您大声理论的，但是您把电话挂了。刚好，论口才，我也说不过您，就用我最熟悉的方式和您解释吧。

首先，您说不就是几头犀牛嘛。那不是普通的犀牛，那是全球仅剩的三头北部白犀牛，好多科学家、动物学家在为保护它们，想尽办法把这个物种延续下去而努力。就像中国保护大熊猫、繁殖大熊猫一样。

可是白犀牛只有三只了，唯一的一头雄性白犀牛现在 40 多岁了，它们的最长寿命只有 50 岁。在野外再也寻找不到第二只雄性白犀牛，这个物种在这三只犀牛死去之后，就真的消失了。我如果能去这次科考项目，我就可以近距离观察它们生活的环境；和保护它们、研究它们的科学家密切交流；在中国导师的指导下，对人类和动物之间的共存关系进行思考和研究。

这是从观察野生动物的过程中，我能得到的更为重要的思考。

可能你们还是无法理解我。但是我真的只是想去看看他们，看看那些为保护环境、保护物种而努力的人们，或许可以从外国保护野生动物采取的行动中得到一些经验。或许你觉得还是对于我的专业无益，但是和优秀的人接触，对我也是一种提高不是吗？而且还能走近非洲，了解那里的风土人情，对我自身的阅历也是一种提升呀！想象下，以后教学生的时候，说老师可是去过非洲哦，也是满满的自豪啊！

接下来说说这次活动吧。你们质问我，从哪里得知这个活动的。我颤颤巍巍地说，从公众号文章上。我几乎能听到电话那头你们的叹气声。"一点都不正规！"

是的，中南屋这个组织，太年轻了。她是由一位年轻人创办的，她的成员都是刚毕业的年轻人。她不官方，她不老资历，她还在成长时期，就像我一样。可她的年轻不代表她不正式、不正规。

可是我为什么相信她？你们说，我一个认识的人都没有，不能一个人去。但是在和他们交流过之后，我感觉就像老友重逢。我这次不是一个人去，而是和一群同样善良、正直的年轻人一起去。

创始人黄泓翔，复旦大学新闻学毕业，美国哥伦比亚大学硕士研究生。毕业后，他去了非洲。曾经为了调查象牙走私，在非洲卧底很久，装成倒卖象牙的商人，帮助非洲警方打击象牙走私。央视曾拍摄一部纪录片，也提到了他的故事。

不过妈妈您别怕，我们这次去不是去做卧底的，也不会有这些危险的活动。我举他的例子，是想说明，这是一个正直、善良的年轻人，这个组织的领路人决定着这个组织的发展方向。他成立中南屋的初衷就是让更多人参与到环保的活动中来，让中国学生了解非洲，让非洲认识中国。我如果能去非洲，可以和这位老师一起科考，是很难得的机会。

一直负责和我联系的子淇老师，是华中科技大学毕业生，她现在在肯尼亚工作（就是我们这次活动的目的地）。我刚才在和她聊天，我问她为什么会选择在非洲工作，她说："我是大学的时候就一直在一个国际学生组织做国际义工项目的组织工作，接触过很多来自各个国家的大学生，当时就对非洲有种好奇。后来也去过美国交换，了解了很多发展中国家的文化，觉得自己当时在国内的时候，视野还是太局限了，总是想着欧美，但实际上发展中国家更有意思，一定要自己去体验才能真正感受不一样的文化。""我大三暑假就开始在中南屋实习，去了好几个非洲国家，发现每

◎中南屋的学生做调研

一个非洲国家都非常不同，有很多发展的空间，这里也有非常多的机会，所以我毕业之后就准备间隔一段时间，在非洲工作。"

我觉得每个人在年轻时都会有自己的选择，我很佩服这位老师的选择。

您和爸爸，总觉得我把每个人都想得太简单了，总怕我被欺骗。但是其实是因为您和爸爸都很善良，所以我也很善良，我愿意相信美好的事物，但不代表我没有防备心。

我愿意相信他们，因为他们是想为中国学生提供很多学习上、生活上的可能性。如果能去非洲，我就成为咱们家里去过世界最远的地方的人了，你们也会为我骄傲对吧（我希望是这样）。

我真的很想去这次活动，可我没法做到让妈妈不那么担心我。因为这次活动真的太远了，非洲是你们未曾想象过的地方，可能一生中也不会去。

　　但是我在小学语文书中走近过她，那位女作家在非洲买了一只小木雕回国，她对非洲的感情由怀疑变为感动。我在纪录片中看到过她，她的自然野性，她的热情奔放，吸引着世界上很多人。我也在新闻上看到过她，她的贫穷落后，她的伤痛悲哀。她是一片正在蓬勃发展的大陆，正如我们的国土一般。

　　现在，中国和非洲很多国家也建立了深度的合作。"一带一路"都走进了非洲，高铁都修在了非洲的土地上。未来，肯定有更多中国人去非洲旅游、工作。您的女儿想先去看看，10 天的时间，就像妈妈说的，可能学不了太多，但是一定会有所收获。

　　希望您和爸爸，能看一看。